LA CABEZA DE HARRY

TOLLER

EL JARDÍN PROHIBIDO
FRAGMENTOS SOBRE D'ANNUNZIO

Tankred Dorst

Traducción:
Marta Fernández Bueno

© *Harrys Kopf*
Suhrkamp Verlag -Frankfurt am Main 1997
© *Toller*
Suhrkamp Verlag -Frankfurt am Main 1978
© *Der verbotene Garten*
Carl Hanser Verlag -Kolbergerstr.22 München 81679

Reservados todos los derechos.
Queda prohibido reproducir
total o parcialmente esta obra
por cualquier medio, sin permiso
previo de esta Editorial.

© Tankred Dorst con la colaboración de Ursula Ehlers
© de la traducción: Marta Fernández Bueno
© Argitaletxe HIRU, S.L.

Apartado de Correos 184
20280 HONDARRIBIA (Guipúzcoa)
e-mail: hiru@euskalnet.net
www.hiru-ed.com

Diseño de la colección: Eva Forest
Maquetación: Eva Sastre

Impresión: Gráficas Lizarra, S.L. (Estella-Navarra)
ISBN: 84-95786-16-8
Depósito Legal: NA-1633-2002

La edición de este libro ha tenido una ayuda
de InterNationes-Bonn

LA CABEZA DE HARRY

TOLLER

EL JARDÍN PROHIBIDO
FRAGMENTOS SOBRE D'ANNUNZIO

Tankred Dorst
con la colaboración de Ursula Ehlers

Editorial Hiru
Hondarribia
2002

LA CABEZA DE HARRY

> Como el corazón del poeta es el centro del mundo, en esta época debe romperse lamentablemente. Quien se vanagloria de que su corazón permanece entero, revela en el fondo que tiene un corazón prosaico, pero el mío estaba atravesado por la gran brecha del mundo.
>
> *Heinrich Heine*

PERSONAJES

Heine
Mathilde
Mister Cokker
Mouche
Nasenstern
Hans el del Tambor
Seraphim
Balzac
Börne
Rotschild
Niños
El muchacho sordomudo
Los señores alemanes de negro
Invitados en casa de Rotschild
Revolucionarios
Cristo
Dioses griegos
Visitantes
Muñecos de tamaño natural: El rabino de Bacherach
y otros comensales

LUGAR

Una sala con siete puertas.
Al fondo, como si los hubieran dejado allí depositados, un grupo de dioses griegos, en poses clásicas, blancos como el mármol, cubiertos de polvo.
A algunas de las estatuas les faltan miembros, a una le falta la cabeza.
Por el suelo hay alrededor brazos y piernas caídos.

SUCESIÓN DE ESCENAS

Prólogo
Monsieur no está en casa
Viaje de invierno
No te librarás de mí
Por fin le encuentro
Papel
Los pobres ricos
En la jaula
Una religión
Cabezas
Juego de niños
Una vieja historia
Un cabritillo, un cabritillo
Je flâne
Tánatos

PRÓLOGO

Primero entra Nasenstern, cauteloso. Empieza a cantar tímidamente.

Nasenstern
...y luego vino el buey
y se bebió el agüita
que apagó la hoguerita
que quemó la garrotita
que pegó al perrito
que mordió a...
Una persona inteligente se retira y no se pone a cantar una canción que no sabe acabar. (*Se larga*)

> *(Por una de las siete puertas entra un señor hablando de cuando visitó a Heine en París. Mientras habla, se abren las otras puertas y van entrando paulatinamente otros señores y algunas damas, comentando también sus visitas en casa de Heine. Hablan todos a la vez, de manera que en medio del barullo de voces tan sólo pueden entenderse palabras aisladas y fragmentos de frases)*

Un señor
En los ocho días que duró mi estancia tuve la oportunidad de visitar, con una carta de recomendación, a mi muy admirado poeta Heinrich Heine en su lecho de dolor y mantener con él una breve conversación. He de

reconocer que subí los tres pisos que conducían hasta su casa no sin cierta angustia. Al llamar a la puerta, vino a abrirme una señorita vestida al estilo de las criadas francesas, de negro austero y con cofia blanca... ya no era una jovencita, pero seguía siendo atractiva. Tras exponerle el motivo de mi visita, me condujo a una estancia, con aspecto de estar muy limpia, sobriamente amueblada, pero luminosa y provista de algunos cuadros y estanterías de libros. Me pidió que, llegado el caso, no prolongara mi visita en demasía, pues su marido *(mon mari)* estaba aquejado de fuertes dolores. Por esta observación descubrí después que la persona que yo había tomado por la criada era en realidad la prometida del poeta, que más tarde habría de convertirse en su esposa, su tan loada Mathilde. Al entrar en la estancia, quedé horrorizado al ver ante mí su lamentable estampa, el rostro pálido como el de un cadáver y los ojos cerrados, con una camisola blanca y acostado en una cama limpia y cuidada al máximo, su "lecho de muerte", como lo llamaba él. Se le partía a uno el corazón al verlo. Las mejillas macilentas, la nariz ligeramente corva, el cabello todavía oscuro, no muy canoso, daban a su rostro una expresión absolutamente noble y apacible. Me preguntó qué tal seguían las cosas por el Rin, hermoso río que él tanto ama y que seguramente ya no habría de volver a ver. Cuando le dije que nací muy cerca de su tierra, me preguntó por los corifeos de la Academia de Pintura de aquel lugar y si había llegado a conocer a Immermann y a Grabbe, a lo que le contesté negativamente. No fue menester que su mujer Mathilde me hiciera señas para que yo me retirara. Cuando le deseé una pronta recuperación se despidió de mí dándome la mano, pálida, y el recuerdo doloroso de su tenue apretón ha permanecido siempre en mi memoria.

Otro señor
La última vez que lo vi fue a primeros de mayo de 1848. Me lo encontré recorriendo de arriba abajo los jardines del Palacio Real, buscando el cálido sol de primavera. Ya estaba por entonces muy aquejado, se lamentaba de su padecimiento, pero a la vez hacía las observaciones más graciosas y satíricas sobre sus médicos.

Un señor
La muchacha que me abrió la puerta dudaba que el señor fuera a recibirme, porque tenía muchos dolores y había vuelto a pasar la noche en vela. Ni siquiera asegurándole que yo era alemán logré convencerla para que hiciera una excepción en mi caso, ya que, según dijo, en los últimos tiempos su señor evitaba a los alemanes precisamente. Esta discusión tuvo lugar en una pequeña cocina, muy bien ordenada sin embargo, donde permanecí aguardando la respuesta, mientras ella, abriendo una puerta lateral, anunciaba la visita del *monsieur allemand* a su señor, a quien no logré ver por estar oculto tras un biombo, a pesar de que la puerta se había quedado abierta. No me quedó otra que escuchar cómo Heine le recriminaba diciéndole que no estaba en disposición de recibir a nadie, y mucho menos aquel día y que el *monsieur allemand* tuviera la amabilidad de irse por donde había venido. Pero como yo no estaba dispuesto a cejar en mi empeño de ver a Heine, tomé la palabra y le rogué que me permitiera entrar, aunque sólo fuera un momento. Tras lo cual iniciamos, separados únicamente por un biombo, una acalorada discusión en la que siempre volvíamos, él a su imposibilidad de recibir a nadie y yo a mi deseo de volver a verle.

Otro señor
Estando en París hace algunos años, me resultó imposi-

ble hallar a Heine a pesar de lo mucho que pregunté a mis conocidos alemanes. En una ocasión fui directamente al número 50 de la Rue d'Amsterdam. Nada más decirle mi nombre a la criada que salió a abrir la puerta, y al reconocerme por la voz, Heine —que yacía en el cuarto contiguo a la entrada, oculto tras un biombo—, me hizo pasar con un "¡Adelante, querido Lehmann!" y mientras espetaba a la criada, que le llevaba el desayuno, *Je ne veux pas déjeuner, je ne veux pas!*, se incorporó con grandes esfuerzos en la cama para darme la única mano que aún tenía sana, pues la otra, consumida, como el resto de su cuerpo, la tenía paralizada por la misma enfermedad que le ha afectado inmovilizándolo desde la médula hasta la punta de los pies. "Querido Lehmann", me dijo, "llega justo a tiempo: de encontrarme no como un completo cadáver camino del cementerio de Montmartre, donde desemboca la Rue d'Amsterdam. Dentro de un año habría tenido que buscarme allí, porque no voy a poder aguantar mucho más este suplicio".

Una señora

Hoy he estado hablando un buen rato con Heine y podía moverse como antes. Tiene gracia conversando, pero a la larga yo no aguantaría mucho a su lado; se mofa de todo, y esa actitud negativa, que finalmente se convierte en una auténtica falta de creencias, me resulta francamente desagradable.

Un señor

Puedo asegurarles que estuve buscando la casa que servía de albergue al entusiasta poeta de la libertad con el corazón en un puño. Me recibió una criada explicándome que el señor Heine aún estaba en cama —eran las once de la mañana— y que no estaba visible. Pero eso no me arredró, le hice entrega de mi tarjeta de visita, confiando de este modo en ser recibido. Y efectivamente, pasados unos minutos dicha criada me condujo a una pequeña estancia, donde una voz, que provenía de la cama situada frente a la ventana, me dio los buenos días, instándome a tomar asiento. Esto último pudo llevarse a efecto no sin dificultad, puesto que la silla situada ante la cama estaba ocupada por el juego de café y la otra única silla que pude ver que había tenía encima todo tipo de efectos, los cuales deposité en el suelo, aproximando luego la silla a la cama y dando al traste con algunas de mis ilusiones, al ver, en lugar del individuo que había imaginado, a un hombre bajo, incluso acostado, bastante entrado en carnes y con un rostro redondo y de rasgos orientales, resaltado por sus ojos, verdaderamente hermosos. Mi *désappointment* (no se me ocurre otra palabra mejor, que no sea decepción) se vio acrecentado por el dialecto familiar del poeta, y por cómo me exponía sin reservas su pesar por estar unido contractualmente a su editor alemán. En resumidas cuentas: nuestra conversación de más de una hora de duración fue sin lugar a dudas la de dos hombres de negocios y no conseguí desviar al poeta del profano tema del dinero y de los ingresos.

Otro señor

(*A una señora*) Todo lo que se reunía por aquel entonces en París, acudía entre las tres y las cinco a un conocido gabinete de lectura. Heine iba con mucha frecuencia por aquella tertulia, sobre todo en los días en que salían los semanarios y como no era en absoluto indiferente a la alabanza y la crítica, rebuscaba en los periódicos hasta dar con su nombre. Lo que leía acerca de sí mismo y de sus escritos generalmente era poco halagüeño. Por entonces se decía que ya estaba acabado como escritor, que su talento había perdido mucho y estaba empezando a decaer. Tales afirmaciones de la prensa le ponían de muy mal humor.

Otro señor

Mire, querido amigo –dijo Heine finalmente, con dolor, pero con esa risa irónica en los labios que no llegó nunca a perder– ya hace tiempo, en su drama "Ziska", cantó usted a los adamitas y seguro que no podía ni imaginarse que su amigo se haría también de esa secta. ¡Pero así es! Ahora llevo dos años viviendo como un adamita y cubriendo mi desnudez únicamente con una camisola. Mire, ya hace casi dos años que no me pongo pantalones.

Una señora

(Lee un manuscrito:) Una criada bajita y poca cosa llevó nuestras tarjetas a una habitación, cuya puerta quedó entornada. Una voz rota y enfermiza repartía órdenes. A toda prisa se puso orden en la habitación y acto seguido se nos hizo pasar. Allí estaba él, Heinrich Heine, tras un gran biombo verde, en un pequeño cuarto con dos ventanas. Los muebles eran sencillos, las paredes estaban adornadas con grabados "estilo Robert" de escenas de pesca y de cosecha. Nos acercamos a la cama y quedamos profundamente conmovidos al ver al pobre hombre. El cuerpo se encontraba ligeramente ladeado, en tanto que las piernas, muy arqueadas, colgaban por su propio peso hacia el lado izquierdo, inmóviles, paralizadas: una postura que sólo un inválido puede soportar tanto tiempo. Heine podía mover con toda libertad el tronco, los brazos y la cara, pero tenía los ojos cerrados, a consecuencia de una parálisis de los párpados,

que le caían lánguidamente. Si quería vernos, tenía que llevarse la mano izquierda a la cabeza para levantar el párpado derecho. El movimiento en sí tenía algo extremadamente enfermizo, extraño, casi terrorífico. *(Rompe el manuscrito en pedazos)*

(Uno de los señores lleva a la señora hacia fuera)

Un señor

Al hablar Heine suele tener la peculiaridad de volver de buenas a primeras sobre un tema interrumpido anteriormente. Es como si su espíritu aún siguiera recordando la primera conversación y el tema de la misma, cuando ya está en medio de otra. Eso le pasó hace poco: se acordó de una carta que le había enviado un amigo de Alemania y que acababa con un ¡Hasta la vista, si no aquí, allí!. Hizo que le volvieran a leer esa parte de la carta y después dijo riendo: ¡Si es posible, aquí, por favor! Y es que por mucho que crea en la perpetuación, la verdad es que tengo un miedo cerril a la gracia divina y la alegría eterna sin pasión. Si estuviera flotando sin cuerpo como una luminaria en el azul del cielo y de repente empezara a arder y lucir en el éter como una llama pura y virtuosa de gas para toda la eternidad, ¡Dios! eso sería espantoso. Pero por si acaso en vida he hecho tanto acopio de pasión que no tengo por qué temer la gracia divina etérea pura ni su aburrimiento.

Nunca le había visto en actitud tan amable; no paraba de contar las cosas más graciosas, de una forma tan aguda y salpicada de los golpes de su ingenio satírico que no teníamos forma de parar de reír.

Otro señor

Nada más llegar a París recibí de manos de un mensajero la siguiente invitación: visite a Heine de inmediato. Le promete dar una cena en su honor, ocasión para la cual invitará a todas las grandes figuras de la literatura francesa. A esta invitación tuve que responder de la siguiente forma: Dígale a Heine que mi aprecio por él no es pequeño, y que me conmueven sus buenas intenciones. Pero he tenido que defender el buen nombre de Börne, mancillado por Heine. Y aparte ya del hecho de que una cena, por muy interesante que sea la compañía, no nos hará cambiar de opinión, debo tener consideración hacia los amigos más allegados a Börne que están en París. La consecuencia de tal declaración fue que Heine publicó en el Allgemeine Zeitung un arrebato de maldad.

Otro señor

El enfermo se había acomodado medianamente ya en su lecho y saludaba a los que entraban dándoles su mano derecha. No parecía ni mucho menos tan enfermo como se ha dicho. Sólo parecía haber cambiado en un aspecto, y no precisamente a peor: todos los que anteriormente habían entrado en contacto con él, se quejaban de una cierta inconstancia, de que no había forma de sujetarlo, y de que saltaba constantemente de un tema a otro, mientras que ahora él gusta de profundizar en cualquier tema que revele interés. Así que más que sacrificar su virilidad por concesiones a la fe, lo que hizo fue alcanzar un alto grado de madurez masculina. También ha conservado esa manera que tenía de contar chistes y cosas ingeniosas una tras otra, sin parar. Ahora prácticamente no dice más que agudezas.

Otro señor

En mis charlas con él me sorprendió muchas veces el interés que mostraba por la forma dramática, cómo en el fondo él se moría por escribir una obra que se representara sobre el escenario. Para mí ese afán por la forma dramática era una extraña señal, una señal de que en el fondo de su talento había estado el drama.

Otro señor
Llegué con una opinión inmejorable acerca de él, porque Auersberg, que lo conoce más que yo, me había contado muchas cosas buenas de él. Hablamos sumariamente de literatura alemana, pero parecía que la especulación bursátil le llenaba la cabeza. Se trata de acciones en las que, al parecer, Rotschild le deja sacar tajada. No parece que la política le preocupe mucho. En su conjunto el poeta, a quien yo tengo en alta estima, no me causó gran impresión como persona. Y al parecer yo a él tampoco. En cualquier caso es afeminadamente vanidoso.

Una señora
(Lee llorando una hoja) Cuando llegué a París en la primavera de 1851, dudé largo tiempo si visitar o no a Heinrich Heine. Sin embargo, lo que me impulsó definitivamente a ir a verle fue pensar que si yo volvía a marcharme de París y tal vez ya no llegaba a verle con vida, siempre me reprocharía el hecho de no haber intentado al menos conocerle en persona.

Un señor
Cuando hablaba, Heine daba la impresión de ser un hombre genial. Por eso y sólo por eso me equivoqué al creer que él era uno de esos que no saben decir tres palabras sin ponerse satíricos a la cuarta. En sus conversaciones uno echaba en falta casi por completo la faceta mefistofélica y demoníaca de su espíritu. Sólo de

vez en cuando salpimentaba lo que decía con alguna gracia sarcástica. Por lo demás era igual de sencillo para hablar que para escribir sus hermosos poemas líricos. Pero precisamente esa sencillez suya, sin artificios, ejercía un enorme atractivo.

(Poco a poco se van marchando los visitantes. Las puertas se cierran)

MONSIEUR NO ESTÁ EN CASA

Heine solo, sentado en el suelo y tapándose las orejas. Silencio. Llaman a la puerta con insistencia.
Heine abre.

Mister Cokker
Desearía hablar con monsieur Heine.

Heine
Aquí no vive ningún monsieur Heine.

(Cierra rápidamente la puerta.
Llaman a otra puerta. Es Mister Cokker otra vez)

Mister Cokker
Desearía hablar con monsieur Heine. Me han dado esta dirección.

(Le muestra un papelito)

Heine
(Rompe el papel en pedazos) Vive aquí, pero no está en casa.

Mister Cokker
Ah, ha salido entonces. ¿Y adónde?

Heine
Él entra y sale sin dar explicaciones.

Mister Cokker
Me gustaría esperarle aquí. Estoy viendo ahí una silla, justo de mi tamaño. *Se cuela en el interior.*

Heine
(Quitándole rápidamente la silla) No, no, tardaría demasiado.

(Echa a Mister Cokker a la fuerza)

Mister Cokker
¡Qué lástima!

(Heine cierra la puerta de un golpe.
Llaman a la tercera puerta.
Heine abre furioso y se encuentra de nuevo con Mister Cokker)

Mister Cokker
Me alegro mucho de volver a verle.

Heine
¿Y usted quién es?

Mister Cokker
¡Pero si ya he estado aquí antes!

Heine
Pues no me acuerdo.

Mister Cokker
Mi nombre es Mister Cokker. Trabajo para la revista literaria más importante de toda Inglaterra, leída, como todo lo literario, fundamentalmente por mujeres.

Heine
Ah, las inglesas... esa ropa interior de franela.

Mister Cokker
¡Qué alegría que ya nos entendamos!

Heine
¡Se equivoca!

> *(Echa a Mister Cokker a la fuerza.*
> *Llaman a la cuarta puerta)*

Heine
(Abre con brusquedad, no hay nadie) Ya que no para de llamar... ¿dónde se ha metido, que así ya le pueda echar de una vez por todas? *(Cierra de un portazo)*

> *(Llaman a la quinta puerta.*
> *Heine abre violentamente, y se encuentra con Mister Cokker)*

Mister Cokker
(Contento) ¡Aquí estoy!

Heine
(Grita) ¡Monsieur Heine no está en casa!

Mister Cokker
¡Pero si usted es monsieur Heine!

Heine
¡Pues aunque lo fuera no estaría en casa!

Mister Cokker
(Astuto) Le esperaré con sumo placer.

(Antes de que Heine pueda retirarle la silla,
Mister Cokker ya ha tomado asiento en ella)

Heine
 ¡Yo ni siquiera conozco a monsieur Heine!

Mister Cokker
 No importa.

Heine
 Y ya no le conoceré nunca, porque monsieur Heine ha muerto.

Mister Cokker
 ¿Ah, sí? ¿Cuándo? No me había enterado.

Heine
 Hace poco. De la noche a la mañana.

Mister Cokker
 Ah, ¿y de qué se ha muerto?

Heine
 Se ha pegado dos tiros, con dos pistolas.

Mister Cokker
 ¿Con dos pistolas a la vez?

Heine
 Con una por amor y con la otra por la estupidez generalizada de los periodistas.

Mister Cokker
 ¿Es que acaso los periodistas de este país son tontos?

Los de Inglaterra no somos tontos.

Heine

Una lástima que Heine no haya llegado a conocerle, podría haberse ahorrado una pistola.

Mister Cokker

La pena de amor es un motivo mucho más apropiado para un poeta romántico. Redactaré una maravillosa necrológica en honor del poeta desaparecido.

Heine

¿Diciendo qué?

Mister Cokker

Pues lógicamente, como va dirigido a un público preferentemente femenino, me referiré a los célebres poemas de amor.

Heine

Muy bien. ¿Y a cuáles en concreto?

Mister Cokker

Pues el caso es que yo personalmente aún no los he leído.

Heine

Ah.

Mister Cokker

Y tampoco entiendo nada de lírica.

Heine

Magnífico, así que puede escribir sobre eso y tan campante.

Mister Cokker
   ¡Eso es! ¡Cómo nos entendemos!

Heine
   Heine es el poeta lírico más importante después de Goethe.

Mister Cokker
   Eso tengo que apuntármelo. ¿Y quién es Goethe?

Heine
   Apunte, apunte:

                              (Silencio)

   "El aire se torna fresco y cae la noche" Vocales cerradas: *to*rna, fres*co*, *no*che. Repita conmigo: "El aire se torna fresco y cae la noche"... no frío, fresco... "Y sereno fluye el Rin".

Mister Cokker
   ¿Cómo?

Heine
   Fluir sereno. "Y sereno fluye el Rin". Son versos excelsos del excelso poeta alemán Heinrich Heine. Una verdadera lástima que esté muerto.

Mister Cokker
   Parece que usted sabe bastante, me gustaría aprovecharlo. Una pregunta: ¿Heinrich Heine no se llamaba en realidad Harry Heine?

Heine
   ¡Eso él no quiere ni oírlo!

Mister Cokker
  ¿Harry?

Heine
  Harry, Harry, *Harru, Harru*[1].

  (Corre asustado a esconderse debajo de la mesa)

Mister Cokker
  ¿Pero qué le pasa ahora?

Heine
  (Bajo la mesa) Harru... aquí viene el trapero. El asno rebuzna. *Harru.*

Mister Cokker
  ¿Cómo?

Heine
  Harru.

Mister Cokker
  Eso no me parece razón para meterse debajo de la mesa.

Heine
  (Como un niño) Aquí me siento a salvo.

Mister Cokker
  (Anota) "Al final lo descubrí debajo de la mesa".

Mathilde
  (Grita desde fuera) ¡Henri! ¡Henri!

  1. En el original, el autor emula la pronunciación francesa sirviéndose de la grafía alemana: "Harrühh, Harrühh", que además puede interpretarse como una inversión de la interjección "Hurrah!".

(Mathilde, una persona atractiva, vital, más bien corpulenta, irrumpe en la habitación)

Mathilde
¿Quién es este hombre, Henri?

Mister Cokker
Soy corresponsal de una revista británica.

Mathilde
¡Henri!

Heine
(Bajo la mesa) Sí.

Mathilde
¿Y por qué has dejado que entrara este tipo? Siempre hay gente rondando por las habitaciones, me dejan sin bombones, hacen recuento de las sillas y los jarrones y se lo anotan todo en sus cuadernillos, miran detrás de las cortinas por si hay alguien escondido y apagan los cigarros en la pecera.

Mister Cokker
(Cauto) Yo no fumo.

Mathilde
Me da igual si fuma o no. Me basta con ver su cuaderno de notas.

Mister Cokker
(Cauto) ¿Tengo tal vez el placer de hablar con Madame Heine?

Mathilde
¡No es un placer!

Heine
¡Mathilde!

Mathilde
¿Y tú qué haces ahí metido debajo de la mesa?

Heine
No me acuerdo. Creo que de repente me vino un recuerdo de la infancia. No lo sé, de verdad.

(Sale de debajo de la mesa negando con la cabeza)

Mister Cokker
Interesante.

(Va a tomar nota)

Mathilde
Atrévase a escribir: "Monsieur Heine se sienta debajo de la mesa".

Mister Cokker
(Pletórico) ¡Por fin sé con certeza que usted es Heine!

Mathilde
¿Y quién va a ser si no? Por eso vienen todos esos extranjeros con sus cuadernos de notas.

Heine
Apunte: Heine tiene una esposa amantísima.

Mathilde
¡Se lo prohibo!

Heine
Entonces escriba: "Prohibe a su marido afirmar que es amantísima".

Mathilde
¡Que no escriba nada de nada! *(A Mister Cokker)* ¡Todos los periodistas no hacen más que escribir mentiras y tonterías!

Mister Cokker
(A Mathilde) Su marido es una celebridad, Madame, hasta en Inglaterra despierta interés. E Inglaterra, como ya sabrá...

Heine
¡Las señoras sobre todo, Mathilde!

Mathilde
(Agarra una fuente de porcelana y la tira al suelo furiosa) ¡Inglesa!

Heine
¡Los exquisitos bombones de Tellier!

Mathilde
(Recoge los bombones desperdigados por el suelo) ¡No escriben más que tonterías! ¡Uno incluso ha llegado a decir que eres judío!

Heine
(Guasón) ¡No me digas!

Mathilde
 ¡Pero qué desfachatez!

Mister Cokker
 Yo no veo impertinencia alguna en tal aseveración, Madame. Los judíos son aceptados desde hace mucho tiempo como miembros de nuestra sociedad ilustrada europea e incluso se les admira por su talento, no sin razón.

Heine
 (Guasón) ¿Oyes eso, Mathilde?

Mathilde
 ¡Yo jamás me hubiera casado con un judío!

Heine
 (Guasón) Mi encantadora Mathilde tiene prejuicios.

Mister Cokker
 No salgo de mi asombro.

Mathilde
 (A Mister Cokker) ¡No es un prejuicio! ¡Todos sus enemigos son judíos!

Heine
 (Guasón) El mundo está lleno de prejuicios.

Mathilde
 Cómo va a ser judío si es luterano. Su Dios es Lutero.

Heine
 ¡Ya lo está oyendo!

Mathilde

Lutero es lo peor de lo peor. Ni Papa, ni Virgen María... ¿qué nos queda entonces? ¡Qué espanto! ¡Cómo puede uno creer en ese abyecto de Lutero! ¡Henri afirma incluso que Lutero es el más célebre germano! ¡Yo tengo que taparme los oídos cuando se pone a hablar de él! ¿Y usted? ¿Qué le parece Lutero, monsieur?

Mister Cokker

(Incómodo) ¿Cómo?

Mathilde

Le he hecho una pregunta. Le preguntaba que qué le parece Lutero, esa bola alemana de sebo. Ha dejado preñadas a un montón de monjas, por eso por eso arde ahora en las llamas del infierno. ¿Qué opinión le merece ese cabronazo?

Mister Cokker

Si me permite decirlo, me parece percibir en sus palabras cierto prejuicio.

Heine

El mundo está lleno de prejuicios. Dicen que las francesas son las más encantadoras de Europa. Y más me vale estar de acuerdo, si no quiero que Mathilde la emprenda a puñetazos conmigo. Dicen que los italianos son los mejores amantes... ¡sin contar con un alemán que yo me sé! Nada más que prejuicios, pero al menos dan alas a la imaginación: la verdad es casi siempre sombría.

Mister Cokker

En este terreno tal vez, pero por otro lado...

Heine
Ya sé, ya sé. Pero mire, si las ideas correctas fueran de rigor... ¡menudo aburrimiento! A la postre lo único que nos deparan las luces de la Ilustración es la igualdad de aburrimiento.

Mister Cokker
Como súbdito británico no puedo sino oponerme a esa idea. Como usted sabe, nosotros, los británicos...

Heine
¡Ah, sí, claro, los ingleses! Los ingleses no tienen prejuicios. Señor mío, usted tiene la suerte de ser inglés, igual que yo tengo la desdicha de ser alemán.

Mathilde
Yo amo a los alemanes.

Heine
Yo también los amo, y ellos a mí más aún, a su manera... pero hay amores que matan.

>   *(Por una puerta entran a empellones unos hombres de negro y se quedan parados; luego se quitan la chistera en señal de respeto)*

Heine
Miren, ustedes vienen aquí a cantar junto a mi tumba las canciones que yo compuse en nuestra hermosa lengua alemana. Pero siento decepcionarles: no he muerto todavía. *(Se acerca a los señores)* Deberán tener un poco de paciencia, pero por ahora, márchense a casa. ¿De dónde son?

Un señor
De Göttingen.

Heine
> ¡La ciudad de las salchichas y los catedráticos! *(A otro señor)* ¿Y usted?

El otro señor
> De Hamburgo.

Heine
> De donde es mi editor. El muy canalla, no hay forma de que afloje la mosca por mis ingeniosos productos.

Otro señor
> Y yo soy de Munich.

Heine
> Allí no me quería su rey, porque él también es poeta. Yo me habría hecho incluso monárquico si sus rimas no fueran tan lamentables.

Otro señor
> Yo, de Frankfurt.

Heine
> De donde es Börne, el paladín de la virtud. No hay día que no lloriquee por mi mal carácter. El carácter es según él lo más importante para un poeta. ¡No lo olviden, señores, y denle recuerdos a mi patria querida! *(Echa a los señores de malas maneras y se da cuenta de que Mister Cokker va a esconderse tras de un biombo)* ¡Y usted también se va ya de una vez!

Mister Cokker
> *(Sale de un salto)* ¡Pero volveré!

VIAJE DE INVIERNO

Heine
Adiós París, ciudad querida
hoy me voy, de ti me alejo,
mas sé que te dejo en un mar
de alegría, gozo, bienestar.
El corazón alemán que en mí palpita,
ha caído enfermo, se marchita.
Sólo hay un médico que lo pueda curar
sólo en el Norte lo he de encontrar.

> *(Viene el Trommelhans, golpea con las baquetas sobre el suelo, va de acá para allá agachado, concentrado en su ritmo. Cada vez hace más ruido al golpear el suelo. Por último retumba todo el espacio teatral, incluso después de que Trommelhans haya desaparecido)*

En breve lo ha de sanar,
famosos son sus tratamientos,
pero, confieso, miedo me dan,
todos sus toscos ungüentos.
Adiós, alegres franceses,
hermanos míos, joviales,
hoy la nostalgia me aleja
mas volveré, y será en breve.
Pensaréis que añoro
el olor a turba, mis ovejas

de las landas de Lüneburg,
la remolacha y el chucrut.
Lo que añoro es el humo del tabaco,
los consejeros y los serenos,
las rubias hijas de los párrocos,
el dialecto norteño, el pan negro, hasta los tacos,
Ay, mujer mía, hermosa mía,
no entiendes cuál es mi tormento
te llevo en el alma, muy dentro
pero he de dejarte en este día.
El ansia me atormenta, me aleja
de la dicha más dulce, más completa
necesito respirar aire alemán
si no, mis pulmones se ahogarán.
(Se dejan de oír los redobles de tambor)
Antes de fin de año volveré
de Alemania y espero que ya sano,
y yo entonces te compraré
los más hermosos regalos.

NO TE LIBRARÁS DE MÍ

Unos años antes
Heine escribe. Mathilde entra, en silencio se sitúa delante de él y se pone con decisión el sombrero que ha traído.

Heine
(Sonríe) Tienes pinta de ir a echarme un sermón.

Mathilde
Esa es mi intención, por eso mismo me he puesto el sombrero más bonito que tengo.

Heine
Me ha costado una fortuna.

Mathilde
No me interrumpas: para variar, quiero que me escuches hasta el final. Ayer te casaste conmigo en Saint Sulpice y te diré que ya no te vas a librar de mí en toda tu vida.

Heine
Me callo.

Mathilde
Me querías para ti, a toda costa, hasta le diste dinero a mi tía a cambio ¿Cuánto le diste?

Heine
Me callo.

Mathilde

¡Otros ofrecieron mucho más! Soy muy guapa. Tengo unos dientes preciosos. Cualquiera se quedaría conmigo. Pero yo te quería a ti. A pesar de que seas algo más bajo que yo y yo más fuerte que tú. Tú no puedes derribarme. Y tienes unos ojos bastante chiquitillos.

Heine

A mí las mujeres siempre me han dicho que soy un hombre muy atractivo. Alfred de Vigny llegó a decir que soy un Adonis alemán.

Mathilde

¿Un qué?

Heine

Un Adonis. Un joven dios griego.

Mathilde

Sí, eso es lo que tú eres, eso es lo que tú eres. Por eso te quería para mí, a ti y a ningún otro. No te creas que me has comprado, por muchos regalos que me hagas, entre vestidos, sombreros y bombones, y por mucho que me lleves a comer a restaurantes caros.

Heine

¡Pero es que me gusta hacerlo!

Mathilde

Y hasta me pagas las clases de buenos modales en el Instituto de Madame Jouvet, para que no me meta el cuchillo en la boca cuando como y para que sepa mantener una conversación. ¿Por qué me pagas todo eso? ¡Para que sea independiente! ¿Y por qué? ¡Para que luego te resulte más fácil librarte de mí!

Heine
He tirado el dinero a la basura: no has aprendido nada.

Mathilde
¡Claro que no, lo he hecho adrede!

Heine
Sí, vamos, que me has hecho el favor de no aprender nada. Y así es como me demuestras lo mucho que me quieres.

Mathilde
Pero no te vayas a pensar que me voy a estar declarando todo el rato. Simplemente quiero meterte en la cabeza que no te vas a librar de mí.

Heine
Es que yo no me quiero librar de ti. Por eso mismo me he casado contigo. Y por eso mismo compré el loro, para que no te aburrieras de estar sólo conmigo.

Mathilde
Me da igual que te hayas casado conmigo. Si no te hubieras casado conmigo sería exactamente igual. No te voy a dejar jamás, lo quieras o no.

Heine
¿Pero y si me seducen otras mujeres, de vez en cuando?

Mathilde
Me da igual: de mí no te libras.

Heine
¿Pero y si alguna me gusta más que Mathilde, mi gordi?

Mathilde
Pues entonces me mato a tus pies.

Heine
¡Pues qué suerte que no sea a mí a quien quieras matar!

(Mathilde se deja caer, queda echada en el suelo)

Heine
(Asustado) ¡Mathilde!

Mathilde
(Le tira de la pierna, hasta dar con él en el suelo) ¿Y qué te decían, las locas esas?

(Se pelean por el suelo)

Heine
¿Quiénes?

Mathilde
Las alemanas.

Heine
Sólo dicen "ah", pero las francesas... eso mejor me lo callo. *(Trata de recuperar el sombrero a Mathilde, que se le estaba cayendo de la cabeza)* ¡El sombrero! ¡El sombrero!

(Por una de las puertas pasan los señores de negro. Al ver al poeta en el suelo, se quitan la chistera en señal de respeto)

POR FIN LE ENCUENTRO

En el café.
El café literario está hoy cerrado por las revueltas. Sólo está el viejo camarero Nasenstern, agazapado tras la puerta. Sobre tres mesitas juntas yace estirado Heine, gravemente enfermo.

Nasenstern
¡Lo he visto con mis propios ojos! Ibas tan ricamente en tu calesa, tan cómodo, sin pensar en nada malo y de repente se te echa encima la chusma y te pone de patitas en la calle. ¿Cómo quieres que sepa la chusma que el judío que va en la calesa es un escritor famoso y casi tan revolucionario como ellos mismos? Todo el mundo lo sabe, pero la chusma no oye, no escucha esas cosas, sólo oye carro-carro-carro[2] y no hace más que carro-carro-carro y enorme alboroto y griterío y se matan unos a otros porque ninguno quiere parar de gritar ni de decir carro-carro-carro.

Heine
Nasenstern, ¿eres tú? A ti te conozco por la voz.

Nasenstern
Preferiría, a ser posible, por favor, que no me conociera.

Heine
¿Y eso?

---

2. En francés en el original.

Nasenstern

Por favor, no quiero ser tan desconocido como las migajas de pan de mi bolsillo.

Heine

¡Están levantando una barricada, Nasenstern! Para eso les di mi calesa.

Nasenstern

Yo lo que he visto, lo he visto con mis propios ojos. Una lástima por la calesa, yo en su lugar me la habría quedado.

Heine

(Ríe) ¿Tú en mi lugar, Nasenstern?

Nasenstern

Se me ha escapado sin querer. No me gustaría estar en su pellejo, ni por asomo. La calesa cuesta mucho dinero.

Heine

Los de ahí fuera están luchando por la libertad, también por tu libertad.

Nasenstern

(Asustado) Oh, libertad... qué palabra más mala. Cierro la puerta y las ventanas, esa palabra ha causado ya mucho mal, judío Heine.

Heine

Deja ya de lamentarte, Nasenstern, no lo soporto.

Nasenstern

Si a usted no le parece bien, yo no me lamento, pero no deja de ser una verdadera pena.

Heine

Tienes que hacer lo que yo te diga. Yo te he creado, Nasenstern, en una hermosa historia.

Nasenstern

No ofendas a Dios, Él fue quien me creó.

Heine

Sí, sí, el viejo y amargado Dios judío y yo... los dos hemos trabajado mucho en ti. De Él te viene lo llorica. Yo quería que hubieras sido más valeroso, a cuenta de eso nos enzarzamos en una pelea y finalmente cada uno se fue por su lado.

Nasenstern

Te has vuelto ateo, judío Heine.

Heine

Bueno, si quieres verlo así...

Nasenstern

Pero no pienses que puedes ir por ahí dándote aires por el mero hecho de ser famoso y tener trato con la gente elegante. Vas de puntillas por el salón, balanceándote arriba y abajo, cuando escribes algo bonito y crees que eres uno de ellos, simplemente porque te ríen las gracias como si les hubieras hecho cosquillas y les hubieras pellizcado con lo que dices. Y sin embargo dirán que no eres más que un judío y llegado el momento te acabarán tirando de las barbas.

Heine

Pero si yo no llevo barba, Nasenstern.

Nasenstern

Sí, eso es verdad, no llevas barba.

Heine

¿Ves? Soy precavido.

Nasenstern

Aunque estés bautizado, seguirás siendo un judío para los cristianos[3]. *(Haciendo un gesto de rechazo con la mano. Escucha a través de la puerta.)* Ahora parece que hay un poco más de calma en la calle. Lo único que se oye es un martilleo. ¿Qué quiere decir eso? Que la gente está clavando las ventanas. La gente de tonta no tiene un pelo, no le apetece tener que barrer luego los cristales.

> *(Seraphim, propietario del hipódromo irrumpe en la escena, se sacude el polvo de su extravagante ropaje y descubre allí a Heine)*

Seraphim

Por fin le encuentro, monsieur Heine, en un día tan revuelto como éste se pone usted cómodo en nuestro café. ¡Y nada menos que ocupando tres mesas! ¿Qué tal se encuentra? ¡Tiene un aspecto deplorable! No mucho mejor que el de un cadáver. ¿Cómo es que sigue vivo?

Nasenstern

Uy, uy, uy...

Seraphim

¡Nunca he conocido a nadie que ocasionara tantas

---

3. En el original "Goym". Goy (plural: goyim) es la palabra hebrea y yídica para designar a alguien que no es judío.

molestias para morirse! A mí me va bien. ¡El hipódromo me reporta increíbles beneficios!

Nasenstern

(Escuchando temeroso a través de la puerta) ¡Ahora vuelve a haber tiros en la calle! Que maten a los que sea, pero a Nasenstern no.

Seraphim

Saco diez mil francos al día, si hace buen tiempo. ¡Y vaya si lo hace! ¡Va por la tercera semana! ¡Diez mil francos... da gloria verlos! Tiene que reconocerlo, monsieur Heine, ¿eh, qué dice?

(Heine no responde)

Nasenstern

El tumulto está aún bastante lejos, tres calles más allá en China. Pero que se acerque.

Seraphim

¡Todos quieren diversión! ¡Mi negocio sube como la espuma! ¡Pero qué ocurrencias tengo, *je me fais poète!* ¡Hechizo a la gente, la alimento de milagros, y ellos vienen a pedir más, se agolpan en las taquillas!

Heine

¡Enhorabuena!

Seraphim

(A Nasenstern) ¡Ponme un Pernod!

Nasenstern

Me temo que hoy no va a poder ser.

Seraphim
¿Qué es lo que no va a poder ser?

Heine
Hoy está cerrado.

Seraphim
¡Pero si estoy aquí!

Nasenstern
Podría servirle un vaso de agua, pero sin vaso.

Seraphim
"Ascent à la Sancho Panza"... Seguro que le suena, ¡segurísimo!

Heine
Pues me temo que no.

Seraphim
¿En qué planeta vive, monsieur Heine? Es mi número estelar: ¡el famoso piloto de dirigible Jacques Castelli, el más audaz, el más grande de todos, que ha conseguido dejar fuera de juego, bueno, quiero decir, fuera del aire, a los demás, incluidos los americanos! Flotando a lomos de un caballo y a bordo de su globo, se eleva en las alturas, hasta la cúpula.

Nasenstern
¡Muy peligroso!, por lo que he oído.

Seraphim
¡Lo tengo contratado! ¡Y será en mi espectáculo cuando flote por primera vez a lomos de un asno! ¡Sancho Panza! ¡Un asno! ¿Comprende?

Heine
Estoy tratando de imaginármelo.

Seraphim
Es que Sancho Panza, como seguramente sabrá, es un tipo raro de una vieja novela española. Son dos: uno, que se llama Sancho Panza y el otro, que se llama Don Quijote. A lo mejor ha oído alguna vez hablar de ellos.

(De puro entusiasmo se ha pasado todo el tiempo golpeando sobre la mesa con la mano)

Heine
(Desquiciado) Pare ya de una vez de dar golpes sobre la mesa, soy sensible.

Seraphim
Ya lo estoy viendo, ante mí, por encima de mí, volando en su burro.

Heine
(Ríe) Harru.

Seraphim
Le cuesta trabajo imaginárselo, ya me he dado cuenta. Le falta imaginación. Y mi gran número de suelo: la persecución de los cabilas por parte de nuestras tropas coloniales. Los cabilas son un grupo de primates vestidos, disfrazados de cabilas, con túnicas de capucha. ¡Tendría que verlos, monsieur Heine! Los nuestros persiguen a los cabilas, los alcanzan, les golpean con los sables, los monos chillan, es la caza más graciosa que se pueda imaginar. ¡Lo que se ríe la gente! Bueno, es más para niños y criadas. ¡Para los hombres tenemos otras

atracciones! ¿Sabe lo que son las bayaderas? ¿No? Un coche, tirado por veinte corceles, llevando unas veinte muchachas de primera. En las posturas más variadas y atrevidas. Con maillots de color carne, y cubiertas sólo aquí y allá por unos cuantos velitos finísimos, las piernas estiradas hacia arriba y hacia todas partes. Los musulmanes, querido Heine, llaman bayaderas a las meretrices del paraíso. ¡Qué lástima que esté usted tan débil! Eso es cosa de sanos.

Heine
¿Y qué tal una ejecución con la guillotina?

Seraphim
¿Ve? ¡Ya se va animando, Heine! Eso podría habérseme ocurrido a mí también. Jamás me lo habría imaginado viniendo de usted, le felicito.

Heine
Gracias.

Seraphim
¡Pero la guillotina no es lo adecuado! ¡Algo más romántico! ¡Con más sufrimiento, para que produzca más sentimiento al verlo! ¡Romántico! ¡Descuartizados! ¡Estrangulados! Como ve, ya estoy trabajando en ello. ¡Y tiene que salir también una novia que vaya a inmolarse! ¡Tomadme! Y que mientras lo diga se arranque la ropa del cuerpo, ¡casi toda! ¡Fantástico! ¡Ah, no paran de ocurrírseme cosas! ¡Sorprendente! ¡Fantástico! *(Se da cuenta ahora de que arriba sigue el grupo de dioses griegos. Diana se ha inclinado ligeramente para escuchar con atención)* Incluso al ver esas tristes figuras de ahí arriba, ¿cómo se llaman?

Heine
 ¡Son dioses griegos!

Seraphim
 ¡Me lo estaba imaginando! ¡Voy a montar un número con ellos! Sobre todo la de la túnica, el arco y la flecha, y el desgreñado del rabo enorme! Voy a hacer algo con ellos: ¡un programa entero con dioses griegos! ¡Un Olimpo de risas! ¡Así podré mostrar, sin reparos ni censura, gran cantidad de mujeres, e incluso hombres, desnudos! Sabe, querido Heine, entonces reinaba la libertad más absoluta, así que no tengo más que ceñirme a la historia. ¡Pero lo que tengo que contarle sin falta, aunque no tengo tiempo, es mi nuevo programa! Lo he titulado "Fiesta en Peking"... es que Peking es la capital de China.

Balzac
 (Entra precipitadamente, descubre la presencia de Heine) ¡Por fin le encuentro! ¡Me han dicho que ha brindado de forma espontánea su calesa para la construcción de la barricada! ¡Para la gentuza de la calle! ¡Tengo que pedirle cuentas, Heine! ¡En nombre de la monarquía!

Nasenstern
 (Temeroso) Si me permiten que diga...

Seraphim
 (Sin dejar a Balzac tomar la palabra) ¡No me interrumpa! Monsieur Heine está escuchando mis planes e ideas.

Balzac
 ¿Quién es usted?

Seraphim
"¡Fiesta en Peking!" Una muralla y encima de la muralla una hilera de ídolos, todos verdes.

Balzac
Amigo Heine, ¡pero qué hace aquí escuchando semejantes tonterías, en medio del humo de la pólvora, que se está colando ya por todas las rendijas!

Heine
Me siento débil, me han dejado aquí plantado provisionalmente.

Seraphim
¡Ya lo ve! ¡Está a punto de palmarla! La gente le deja a uno hecho polvo, si no se divierte!

Balzac
(A Heine) ¿Permite que eche a este señor a la calle?

Seraphim
¿Quién es este gordo?

Heine
Balzac.

Seraphim
Balzac, ¿qué más?

Heine
El famoso escritor.

Seraphim
Ah, pues si es escritor, escúcheme bien: "Fiesta en Peking".

Balzac
¡Este renacuajo no sabe quién es Balzac!

Seraphim
¡Un escritor! Me doy por enterado. ¡Ya lo tengo todo aquí pensado para mi "Fiesta en Peking"... aquí, en mi cabeza, noble cuna de mis pensamientos! Una idea que me hará ganar o perder 40.000. ¡Imagínese! Una vez que haya ganado un millón de francos con el hipódromo, cojo, lo vendo y me saco otros 50.000 por la venta y ya me retiro por completo a descansar. A veces uno está cansado de verdad. Hay que inventarse las cosas más increíbles y colosales, y sólo una persona como yo, con gusto e imaginación, está a la altura de semejante requisito. ¡Hay que romperse la cabeza, mucho más que un poeta, dónde va a parar! *(A Balzac)* ¿Y qué es lo que escribe, si es escritor?

Balzac
¡Esto es inaudito!

Heine
¡Tranquilo!, ¡no se ponga nervioso, por favor!

Seraphim
El riesgo, ¡téngalo en cuenta! Si usted escribe algo y no le gusta, lo tira y santas pascuas, no pierde más que un par de hojas de papel. Pero en mi caso es muy distinto: fracaso en un invento y estoy en la ruina.

Nasenstern
¡Puede perder grandes sumas de dinero! ¡Puede uno dar gracias de no tener nada!

Seraphim

"Fiesta en Peking": ya he mencionado los demonios verdes sobre el muro. Y delante, sentados en círculo, los mandarines. ¡Con un vestuario suntuoso! Porque en China los mandarines son los altos dignatarios, los aristócratas, como si dijéramos. Podría darles una conferencia sobre los chinos, he leído un artículo sobre ellos. Los mandarines sólo son la escena del comienzo, luego... si yo les contara... ¡fantástico! Una verdadera lástima que no pueda quedarme un poco más, porque no saldrían de su asombro. Por desgracia he de dejarles. ¡Pero venga usted y véalo con sus propios ojos, venga el domingo que viene, si es que aún sigue vivo!

(Sale)

Nasenstern

¡Ahora más vale que ponga la mesa delante de la puerta!

Seraphim

(Vuelve otra vez, vuelca la mesa de un golpe) Cuando me jubile con mi millón no voy a hacer nada más y entonces me haré escritor.

*(Vuelve a salir.
Balzac lanza una silla tras él)*

Heine

¡Diez mil al día! ¡Pregunte a mi editor, lo que quiere pagarme por mi nuevo libro de poemas!

Nasenstern

(Levanta la silla, coloca la silla patas arriba encima de la mesa) Una buena mesa y una hermosa silla... ¡a ver si tenemos un poco más de respeto!

Balzac
   (Sin hacer caso de Nasenstern, se ha vuelto hacia Heine) ¡Un engendro, magnífico!

Heine
   ¡Espantoso! ¡Estoy entusiasmado!

Balzac
   ¡Un hallazgo!

Heine
   ¡Eso, un hallazgo!

Balzac
   ¡Pero a usted no le pega!

Heine
   Claro que sí. Ya se me ha ocurrido algo buenísimo.

Balzac
   ¡Pero a usted no le pega! ¡Y no es para verso!

Heine
   Usted no entiende de poesía.

Balzac
   Ya se lo digo: es inútil.

Heine
   Sancho Panza y la revolución.

Balzac
   ¿En verso?

Heine

Un largo poema.

Balzac

¡Que no, que es inútil! Se equivoca por completo, Heine. ¡Ese personaje pide a gritos prosa!

Heine

¡Un poema descarado, precisamente ese tipo de poemas son los que me han hecho famoso!

Balzac

¡Prosa! ¡Ahí no estoy de acuerdo con usted! ¡Ese tipo da para cuarenta páginas, de todas todas, o incluso sesenta si me apura! Un ejemplar estupendo y voluminoso para mi *Comédie humaine*. ¿Qué tal se encuentra?

Heine

Míreme aquí tumbado, Balzac, paralizado y mortalmente enfermo, cuando a mi alrededor todo se pone en movimiento. Eso también es de comedia.

Balzac

Yo soy monárquico, preferiría que pudiera usted volver a saltar por ahí y que la revolución de ahí fuera cayera en el estancamiento, no puede traernos nada bueno.

Heine

No creo.

Balzac

¿Cómo? ¿Ha cambiado de ideología?

Heine

No creo ya que me cure.

Balzac
¿Y se está dando cuenta de que para usted su salud es más importante que todos los sueños de la humanidad?

Heine
Yo soy mi propio sueño.

Balzac
Parece ser que se ha suspendido hoy la actividad por temor. *(A Nasenstern)* Pero ya que está éste por aquí holgazaneando, de paso podría traernos algo de beber.

Nasenstern
No tengo la llave del mostrador.

Heine
Le presento a Nasenstern. Le conozco desde hace mucho, quinientos años. Lo único que ha cambiado es su atuendo.

Nasenstern
No me quedó más remedio, la otra chaqueta me la pusieron perdida de sangre.

> *(Alguien sacude la puerta con fuerza, al abrirse, empuja la mesa hacia un lado)*

Nasenstern
¡Uy, uy, uy, otro más!

Börne
(Entra) ¡Por fin le encuentro!

Heine
Ya sé por qué viene, señor Börne. Usted ya está muerto,

yo aún no del todo. Quiere echarme en cara póstumamente, que no esté ahí fuera dando tumbos con los revolucionarios como todos los progresistas, y acusarme por estar echado sobre tres mesas, y no sólo sobre una, como manda la igualdad y la fraternidad entre los clientes de cafés.

Börne
No.

Balzac
A un poeta de la magnitud de Heine le está permitido todo eso y más.

Börne
He oído que les ha brindado su calesa a los que luchan para que puedan construir la barricada. Quería darle las gracias.

Heine
¡Qué va a hacer una persona gravemente enferma con ella! Iba de camino al hospital para que me acabaran de rematar los médicos.

Balzac
(A Börne) ¿Es usted socialista?

Börne
Eso no es tan fácil de responder, pero si por socialismo entiende usted la emancipación general, el movimiento revolucionario que ha captado a los desposeídos, echándoles a las calles y a las barricadas, al pueblo trabajador, depauperado, a la lavandera, al judío apaleado y temeroso, al esclavo negro, todos ellos tienen una nueva mira-

da, esperanzada. Ven ya la luz de un brillante futuro. Si se refiere a ese amanecer, entonces sí, soy socialista.

Heine
El señor Börne tuvo en vida esa inclinación tan alemana por escribir lírica en honor del partido.

Börne
Pretende usted insultarme...

Heine
¡Cómo podría... a alguien tan auténtico, moral y con tanto carácter. ¡Lo más famoso de usted es precisamente su carácter!

Nasenstern
(Alza las manos escéptico) ¡Bueno, bueno, carácter!

Heine
¡Ya por entonces, cuando aún era crítico teatral, los artistas le tenían un temeroso respeto! Una vez, estando en un café de Frankfurt leyendo el periódico, me dijo en voz baja uno que estaba sentado en la mesa de al lado, "ahí está el doctor Börne, el que escribe contra los comediantes".

Börne
(Cruel) ¡Heine, yo sigo escribiendo contra los comediantes!

Heine
Por entonces practicaba usted con las primeras figuras del cabaret.

Börne

Luego vinieron otros, ¡usted, sin ir más lejos!

Heine

(A Balzac) ¿Se da cuenta de la desconfianza imperante acerca de los héroes que hablan en verso?

Börne

¡La revolución no se hace con aceite de lavanda. Le cuesta a uno sangre, lágrimas y hasta la cabeza!

Heine

Usted no oye bien, Börne, y su desconfianza es tal vez fruto de su sordera, que ya padecía antes, pero que ha ido a más. Me quita las ganas de hablar con usted.

Börne

Todo lo que dice y publica, lo hace llevado única y exclusivamente por su vanidad.

Heine

Y por cierto: lo único que lamentaría perder es la cabeza, el resto lo regalo.

Börne

Para usted lo más importante y primordial es causar una buena impresión ante el público. Y eso me hace desconfiar hasta de sus mejores creaciones poéticas. ¡Lo siento por usted! Tendríamos tantas cosas en común... en lo que nos mueve, en aquello que creemos importante, e incluso en aquello que detestamos.

Heine

Eso es precisamente. ¡Por esa razón me juzga usted con

tanta mala baba, porque me tiene envidia! Y la cosa no tiene remedio: usted tiene sus opiniones y cree que eso es tener carácter, pero yo soy un genio. Al menos veinte de mis poemas son inmortales.

Börne
¡Destaca en los salones de Rotschild como su bufón! Incluso se rumorea que en secreto percibe una pensión del gobierno reaccionario de Thiers. Y al mismo tiempo simpatiza supuestamente con los revolucionarios. Y hasta es posible también que Metternich le mantenga, dicen que él recita sus poemas a las damas de la corte.

Balzac
¡Señor mío, usted no es poeta, no puede hablar de eso!

Börne
¡Muéstrese como verdaderamente es, Heine!

Heine
¡Oh, Sancho Panza en el hipódromo! ¡Ahí sale él volando a lomos de su burrito en pos del cielo!

Börne
El señor Heine se considera una genial excepción y por eso se permite cualquier perfidia moral.

Balzac
Yo no tendría absolutamente nada contra una república, pero lo que no me gusta son sus consecuencias, que sin embargo le son inherentes. El socialismo, que se considera a sí mismo como algo nuevo, ya desde tiempo inmemorial hacía estragos contra su propia sangre, asesinó a la república –su madre– y a la libertad –su her-

mana–. Y así será siempre. Todo lo que se proponen usted y sus camaradas no es más que magia podrida, utopía.

Mathilde

(Entra precipitadamente) ¡Por fin te encuentro, Henri, pobre!

Heine

¡Tienes que quedarte en casa! ¡Salir a la calle ahora es un peligro para ti!

Mathilde

Ya me lo han contado todo: que la gentuza te ha sacado de la calesa y te ha robado el coche para hacer una barricada.

Börne

¡Pues a mí me han contado otra cosa!

Mathilde

He visto la carroza, debajo de tablones y de escombros. ¡Tiene delito! He llorado y todo.

Börne

¡Ahora ya está todo claro, Heine!

Mathilde

Nadie sabe adónde han ido a parar los caballos. A lo mejor han sacrificado a los pobres animales.

Börne

He vuelto a caer en otra de sus mentiras.

Heine

¿Qué he dicho yo? ¿En qué he mentido? Lo confieso: a veces no tengo nada en contra de la mentira, en ocasiones tengo unas ganas terribles de mejorar aquí y allá mi biografía, que Dios no trazó con demasiada benevolencia, y hacérmela a la medida. ¡Seguro que Él no me lo toma tan a mal como usted!

Mathilde
(Gritando a Börne) ¡Pero qué trazas lleva! ¡Así no se va uno por la calle! ¡Pega a las mil maravillas con ese atajo de canallas de ahí fuera!

Börne
Eso me honra, madame.

Heine
Molestas, Mathilde, entiéndelo: yo simpatizo en todo con los revolucionarios de ahí fuera.

Börne
(Sarcástico) ¡Simpatiza! ¡No simpatiza! ¡Simpatiza!

Heine
Sí, tengo dos opiniones, como cualquier persona inteligente. El pueblo hambriento tiene todo el derecho de alzarse en una violenta revolución de los desposeídos contra la aristocracia de los poseedores. Simpatizo con ellos, pero también les temo, temo a esas cohortes de destrucción. En la nueva república, por la que habrán de luchar, no habrá lugar para la belleza ni para el ingenio. Me da pavor pensarlo. Destruirán a puñetazo limpio todas las estatuas de mármol de mi querido mundo artístico, talarán mis bosques de laureles y plantarán patatas en su lugar.

Börne
>¡No tiene más que inventos y patrañas! ¡Un caso perdido!

Mathilde
>*se abalanza sobre Börne:* ¡Judío! ¡Falso amigo judío! ¡Protestante alemán! Ojalá te peguen un tiro ahí fuera, ¡ojalá!

>>*(Empieza a golpearle con un zapato, Börne sale huyendo)*

Balzac
>*(Ríe)* ¡Se va a destrozar el zapato!

Heine
>¡Déjela! Es su forma de explicarle a mi amigo Börne que me ama.

Mister Cokker
>*(Sale de detrás del mostrador)* Por lo que veo, su vida es una auténtica aventura, un gran drama. Cada día descubro boquiabierto cosas nuevas.

Heine
>Se equivoca. El drama de mi vida estaba lleno de pasión, pero sin acción. Sólo voces y sueños.

Nasenstern
>Una persona inteligente es callada, no mete ruido, ni jaleo, ni carraspea.

Heine
>¡Nasenstern, Nasenstern, van a coger y te van a quemar en el horno, con tu dichoso "ni carraspea"!

Nasenstern
¡Uy, uy, uy!

Heine
(De repente nervioso, furioso) ¡Te está bien empleado!

Nasenstern
Nacemos para morir.

Heine
(Gritando a Nasenstern) ¡Basta, ya está bien!

Mathilde
Deja tranquilo al pobre hombre, él es así, no puede remediar ser tan pusilánime.

Heine
(Muy nervioso) ¡Yo no soy pusilánime, no tengo nada que ver con ése!

Balzac
Nadie ha dicho eso, monsieur Heine.

Heine
¡Los sueños... son también actos! ¡El estado del mundo surge de sueños! *Grita:* ¡Dígalo, Balzac! ¡Dígalo! ¡Dígalo!

Balzac
¡Quédese echado y tranquilo! ¡Respire hondo!

Mister Cokker
Me he escondido detrás de la barra en una postura bastante incómoda, ¡pero ha merecido la pena!

Heine

(Ya se ha calmado, yace ahora tranquilo, habla con un hilo de voz) Antes... en los buenos tiempos... cuando todavía podía andar por mi propio pie...

Balzac

(Inclinándose sobre él) ¿Qué dice? No le entiendo.

Mister Cokker

Yo también quiero saberlo.

Nasenstern

(Observa el exterior a través de la rendija de la puerta) Oigo aproximarse un gran estrépito en la calle.

(Comienza a apilar mesas y sillas a la entrada)

Heine

Yo andaba y andaba... y de repente me di cuenta de que alguien me estaba siguiendo todo el rato. Si me paraba, él también se paraba. Si seguía andando, él me seguía. Era una figura grande y oscura, con un hacha. ¿Qué quería? Me di la vuelta, me encaminé hacia él. ¿Quién es usted? La respuesta que me dio fue: ¡soy tus acciones! Yo hago lo que tú dices. Y para eso llevo este gran hacha. ¡Ah, cuántos altares he destruido con mis palabras!

Nasenstern

(Junto a la puerta, grita a una multitud que se agolpa afuera) ¡Hoy está cerrado! ¡El local está hoy cerrado!

(Las puertas se abren de golpe, unos revolucionarios irrumpen en el interior, griterío, destituyen

las lámparas con estacas, destrozan sillas; a empujones, sacan a la calle a Mathilde, Balzac, Mister Cokker, Nasenstern; vuelcan las tres mesas sobre las que yace Heine, de forma que cae éste al suelo bruscamente, se llevan las mesas a rastras)

PAPEL

Heine está tendido sobre la acera, la gente que pasa de largo corriendo, tropieza con él; a carrera abierta, ellos sacan el almuerzo del papel donde lo llevaban envuelto y tiran este al suelo. El viento sopla con fuerza y arremolina los jirones de papel esparcidos por todo alrededor. Heine trata de agarrar uno de los papeles, se levanta de un brinco. Ya no se encuentra débil, ni enfermo. Se da cuenta de que los papeles tienen unos trazos escritos, son sus propios poemas.

Heine
   (Nervioso) ¡Mis versos, mi poema! *(Atrapa otro papel.)* ¡Aquí también! *(Coge otro.)* ¡Y aquí! *(Lee)*
   "Estábamos sentados junto a la solitaria casa del pescador,
   Nosotros..."
   Y esto también. *(Lee un papel)*
   "...y en la noche flotan las estrellas sobre mí
   como luces mortuorias".
   (Recoge otro pedazo de papel, lee)
   "Con su gran catedral, la grande y majestuosa..."
   ¡Hechos pedazos, manchados, con restos de grasa, medio ilegibles!
   Lee: "...sobre la cabeza ponerte debiera..."
   ¡Qué espanto! *(Corre nervioso de acá para allá, trata de reunir las hojas desperdigadas)* Mis versos... ilegibles... los barrerán... los olvidarán... ¡Me olvidarán! ¡A mí, a mí!

LOS POBRES RICOS

Se abren todas las puertas de un golpe. Entra un grupo de gente distinguida. Champán. Música.
Velada en casa de Rotschild. Los invitados se agrupan en torno a diversas mesas.

A

La inauguración de los nuevos ferrocarriles, de los cuales uno lleva a Orléans y el otro a Rouen, está provocando aquí...

B

...una conmoción...

C

...que cualquiera puede percibir, siempre que no esté sobre un pedestal que lo aísle de la sociedad.

A

¡Progreso por doquier!

D

Así debieron sentirse también nuestros antepasados cuando...

E

...se descubrió América, cuando los primeros disparos anunciaban la invención de la pólvora...

B

...cuando la imprenta mostraba al mundo las galeradas de la Biblia. Comienza...

C

...una nueva etapa en la historia mundial, y nuestra generación puede enorgullecerse...

A

...¡de haber estado allí!

D

¡Ferrocarriles! ¡Qué no habrá cuando se lleven los raíles a Bélgica y a Alemania!

Heine

(Se ha incorporado al grupo) Tengo la impresión como si las montañas y los bosques de todos los países se aproximaran a París. ¡Ya huelo el aroma de los tilos alemanes! ¡Ante mi puerta rompe el Mar del Norte!

A

¡Surgimiento, cambio, progreso por doquier gracias a la inmensa fuerza del capital!

Heine

¡Los desiertos se transforman en jardines floridos! El oro, metal muerto, cobra vida merced a la fantasía creativa del barón James Rotschild. ¡Él es el auténtico demócrata revolucionario de nuestros días!

Rotschild

(Se acerca a Heine) Muy bien dicho, monsieur Heine. Siga así.

Heine
    ¿Y cuánto me pagaría?

Rotschild
    ¡Vaya, menudo olfato tiene usted para el dinero!

Heine
    Sí, señor Rotschild. ¿Qué precio le pone a tener buena prensa?

Rotschild
    ¡Qué forma de pensar más moderna! Todo tiene su precio.

Heine
    ¡Menos la poesía!

Rotschild
    Sus poemas son muy alabados.

Heine
    Lo único que me reportan es suspiros y miradas arrobadas. Lo que resultan es molestos.

Rotschild
    Pero también pueden resultar agradables.

Heine
    Si quiere engalanarse con mi incipiente fama, yo podría dejarme convencer para dedicarle mi próximo libro.

Rotschild
    Yo puedo comprar a los escritores que me dé la gana.

Heine
    ¡Pues cómpreme a mí! El precio es negociable.

Rotschild
Comprarle a usted no es el problema, ¡la cosa es deshacerse luego de usted sacando beneficios!

Heine
(Ríe) Muy bueno, esa frase podría ser mía.

Rotschild
De no ser porque nosotros los mantenemos, todos esos poetastros gandules se morirían de hambre.

(Continúa la conversación generalizada)

E
En este momento el lucero Rotschild se encuentra en el punto álgido de su fama.

A
A todo el que...

F
...se encuentre en apuros de dinero, le aconsejo...

B
...que acuda a monsieur Rotschild, pero no para que este...

C
...le preste dinero...

A
...porque dudo mucho que pudiera conseguir algo, sino...

D
...para consolarse contemplando aquella miseria...

C

El pobre diablo que tenga poco y no sepa cómo apañárselas, aquí...

A

...se convencerá...

D

...que hay otra persona que aún lo pasa...

A

...mucho peor que él...

D

...porque tiene dinero de sobra, porque todo el dinero del mundo...

F

...ha ido a parar a su gigantesco bolsillo cosmopolita y porque él...

C

...tiene que soportar semejante carga, mientras que...

A

...a su alrededor la gran montonera de hambrientos y ladrones... le alargan la mano...

B

...para pedirle algo.

C

Pero qué desgraciados son los ricos en esta vida, y después de la muerte...

B
   ...ni siquiera van al cielo. Antes entra un camello...

C
   ...por el ojo de una aguja que un rico...

A
   ...en el reino de los cielos. Estas palabras del...

Heine
   ...divino comunista...

B
   ...son un terrible anatema y dan muestra de su odio enconado contra la bolsa y las *Haute Finance*...

A
   ...de Jerusalén.

D
   El mundo está plagado de filántropos, hay...

E
   ...sociedades de torturadores de animales, y realmente se está haciendo mucho por los...

A
   ...pobres.

C
   Pero por los ricos, que son aún más desgraciados, no hay quien haga nada.

B
   En lugar de olvidarse de los precios del cultivo de la seda...

E

   ...del alimento para el ganado y de la filosofía kantiana...

A

   ...deberían...

B

   ...nuestras sociedades ilustradas ofrecer un premio a quien resuelva la cuestión de cómo...

C

   ...pasar un camello por el ojo de una aguja. Hasta que este importantísimo...

E

   ...asunto del camello...

A

   ...no se resuelva y los ricos no tengan visos de entrar en el reino de los cielos...

B

   ...seguirá sin haber razón para que se resuelva de una vez por todas el problema de los pobres. Los ricos...

C

   ...no serían tan impasibles si no se vieran relegados únicamente a la felicidad terrenal y no tuvieran que envidiar a los pobres que algún día, allá arriba...

A

   ...en el esplendor y la gloria...

B

   ...celebran la vida eterna.

E

Dicen: ¿por qué habríamos de hacer nada por esa gentuza aquí en la tierra si en un futuro estará mejor que nosotros, y al fin y al cabo después de la muerte no vamos a reunirnos con ellos?

Heine

¡Así que solucionemos antes que nada lo del camello!

Mister Cokker

(Ha llegado, se dirige a Heine) Monsieur Heine, usted no suele frecuentar estos círculos.

Heine

¡Se equivoca! ¡Me encuentro como en casa!

Mister Cokker

Después de todo lo que me ha contado me dio la impresión de que usted, como poeta lírico, más bien desprecia esta elite capitalista.

Heine

¡Déjese de poetas! ¡Ahora soy financiero! El barón Rotschild me ha prometido acciones del ferrocarril del norte. Especulando con ellas conseguiré suculentos beneficios. Ahora sólo me falta casarme con una mujer rica.

Mister Cokker

¡Oh, una primicia!

Heine

¡Aquí viene precisamente! *(A la joven Hortense)* Mademoiselle, ¿es usted rica?

Hortense
 Ya lo creo, monsieur.

Heine
 ¿Posee inmuebles?

Hortense
 (Coqueta) 400.000 francos de renta anual por una finca en el departamento de Haute Provence.

Heine
 ¿Y acciones?

Hortense
 (Abocinando los labios) 7 millones en acciones por valor de sesenta francos cada una.

Heine
 ¿A qué tanto por ciento?

Hortense
 (Picarona) Al tres.

Heine
 ¿Acciones por valor de sesenta francos?

Hortense
 (Tentándole) Están a 82.

Heine
 ¿Y en efectivo cuánto es?

Hortense
 (Suspira) Dos millones en oro y 300.000 francos en táleros.

Heine
  ¿Y nada más?

Hortense
  (Enfurruñada) ¡Claro que no! Dos millones en azúcar, café y algodón.

Heine
  ¿Y acciones del ferrocarril no?

Hortense
  (Suspira) ¡Por supuesto que sí!

Heine
  Yo también me he subido en marcha al tren, con mis acciones.

Hortense
  (Resplandeciente) ¡Pero qué sintonía!

(Se abrazan)

Heine
  Las cotizaciones podrían caer en picado.

Hortense
  (Traviesa) Pues antes de que ocurra nos pasamos al desarrollo urbanístico.

Heine
  O a explotación del carbón.

Hortense
  (Codiciosa) O química y vidrio.

Heine

¡O préstamos rusos! *(Besa a Hortense)* El banquero está hoy en la misma posición que tuvieron en su día los generales, clérigos, abogados y escritores.

Hortense

(Suspira) ¡Ya lo creo!

Heine

Bien. Me casaré con usted, la amo. Y si tuviera dos veces más, la amaría el doble.

Hortense

(Sonriendo) Seguramente. ¿Quién es usted?

Heine

Heine.

Hortense

(Asustada) ¿El poeta?

Heine

No, el banquero.

Hortense

¡Ah, bueno, vaya susto me ha dado!

Mister Cokker

Una celebridad en toda Europa. Incluso nosotros, en Inglaterra...

Heine

(Le espanta, va tras él. A Hortense) El hecho de que, de vez en cuando, escriba alguna que otra poesía no debe

asustarla; no es más que una costumbre infantil, ya casi la he superado.

Hortense
(*Como una declaración de amor*) Hable con mi padre, muéstrele sus balances.

Heine
¡Por supuesto! Llegaremos a un acuerdo satisfactorio para ambas partes.

Hortense
(*Dichosa*) Nuestra unión puede revelarse como una provechosa inversión de futuro.

Heine
Día tras día, al caer la noche,
iba la bella hija del sultán
de paseo hasta la fuente
donde las blancas aguas murmuran

Día tras día, al caer la noche
el joven esclavo, junto a la fuente
donde las blancas aguas murmuran,
cada vez más la color perdía.

Una noche, la princesa
acercósele balbuceando:
dime, esclavo, ¿cuál es tu nombre,
cuál tu patria y tu linaje?

Y el esclavo dijo: me llamo
Mohamet y soy de Yemen,

y mi pueblo son los Asra
quienes mueren cuando aman[4].

Disculpe, he tenido una pequeña recaída, mademoiselle.

Hortense
No importa lo más mínimo. Me he quedado un poco traspuesta.

Heine
¡Qué encanto!

Rotschild
(Que ha estado observando la escena, a Heine) Se está pasando usted un poco con su gusto por la parodia. No es eso para lo que le pagamos.

Señoras de la reunión:

Señora 1ª
El amor no es amor si no es también pasión.

Señora 2ª
Pero tal vez la forma más sublime del amor sea el amor platónico, ¿no les parece?

Señora 3ª
¡Bah!

Señora 4ª
Yo jamás podría amar algo que fuera feo.

---

4. He tomado la traducción de *Der Asra* traducida y publicada por Berit Balzer en: *Gedichte-Auswahl – Antología poética. Heinrich Heine* (Madrid: Ediciones de la Torre, 1995) N. del T.

Señora 1ª
¿Qué es feo y qué es hermoso?

Señora 4ª
Yo soy una esteta, incluso en el amor.

Señora 2ª
¡Lo que cuenta es el nivel!

Señora 1ª
¿Qué tal le va a su vendedora de zapatos, monsieur Heine?

Señora 4ª
¿Que monsieur Heine está con una vendedora de zapatos?

Señora 3ª
¡Qué original!

Señora 2ª
Y dicen que hasta se ha casado con ella.

Señora 4ª
¿Que se ha casado con una vendedora de zapatos?

Señora 3ª
¿Cómo se libra uno de una puta? ¡Pues casándose con ella!

(Las señoras se quitan un zapato, y se lo tiran a Heine. Risas:)

-¡Vendedora de zapatos! ¡Vendedora de zapatos!
-¡Necesito zapatos nuevos!

(En medio de un gran alborozo se van dando saltos sólo con un zapato puesto)

Heine
(Solo, va recogiendo del suelo todos y cada uno de los zapatos y los coloca sobre una mesa, mientras recita la poesía)
Sentados a la mesa discutían,
mientras el té tomaban, del amor.
Los hombres convertíanlo en estética;
las mujeres hacíanlo pasión.

"El amor debe ser platónico",
el flaco consejero aseguró.
La consejera, con sonrisa irónica,
dejó escapar un "ay" a media voz.

En la mesa quedó un lugar vacío,
que bien pudiste tu ocupar mejor
que cualquiera, y así tú hubieras dicho
todo aquello que sabes del amor[5].

---

5. Traducción de Luis Guarner publicada en: Heinrich Heine, *Libro de canciones*, Madrid: Aguilar, 1960.

EN LA JAULA

Heine a solas.

Mathilde
(Afuera, grita) ¡Asesino! ¡Asesino! *Abre la puerta con violencia.* ¡Asesino!

Heine
¿Dónde está mi cuchillo? ¿Y las pistolas? *(Se palpa en broma)*

Mathilde
¡Está muerto! ¡Tú lo has matado!

Heine
¿A quién?

Mathilde
¡Lo sabes perfectamente! ¡Eres un monstruo!

Heine
Mi afilada pluma ha dado muerte a algunos de mis peores enemigos. ¿Te refieres a Börne? ¿A quién te refieres, fierecilla mía?

Mathilde
¡Lo has envenenado! Ya te envenenaré yo a ti también.

Heine

¡Así te harás famosa, Mathilde, saldrás en los periódicos y Europa entera escribirá sobre ti!

Mathilde

Me importa un bledo todo. Estoy completamente sola, ahora ya no tengo a nadie.

Heine

¿Es que yo no soy nadie?

Mathilde

¡Cocotte está muerto! Está muerto en su jaula... tú le has envenenado.

Heine

¡Ah, te refieres al loro!

Mathilde

Sí, al único que yo quería.

Heine

¡El bicho ese vocinglero!

Mathilde

¡Asesino! ¡Mal nacido!

Heine

Ten un poco de paciencia, ¡me voy a dejar crecer alas verdes! Y cuando esté posado en el palito como Cocotte, también me prestarás toda tu atención, igual que prestaste atención a los graznidos de Cocotte.

Mathilde

No quiero saber nada de ti.

Heine
   (Imitando al loro) Mathildita, Mathildita.

Mathilde
   (Dándole de puñetazos golpea) ¡Basta! ¡Basta!

Heine
   Te voy a decir cómo ha muerto el pobre bicho: me acerqué con sumo cuidado hasta su jaula y le hice saber lo que pienso ahora de Hegel y del idealismo alemán. Pero el tema era tan complicado que al tratar de repetirlo se ahogó y cayó del palito.

Mathilde
   No te escucho. ¡Cocotte, pobrecito mío!

Heine
   Mathilde, con qué ternura me escucharías si tuviera un pico corvo como el de Cocotte. Pero mira, puedo ladear la cabeza exactamente igual que él. Y me parece que estoy empezando a aletear un poco con tal de gustarte. Y pongo *(imitando la voz del loro)* la voz de Cocotte al hablar: te recitaré mis más bellos poemas y me escucharás conteniendo la respiración

Mathilde
   ¡Ay, ya no quiero vivir!

Heine
   (Grita) ¡Mister Cokker! ¡Mister Cokker! ¿Dónde se ha metido? *(Lo busca, abre varias puertas violentamente. Al abrir la última, cae Mister Cokker al suelo)* ¡Ha estado escuchando todo el rato detrás de la puerta! ¡Mejor que mejor! Escriba: el poeta Heinrich Heine se ha vuelto

loco por amor, se ha convertido en un loro y pasará el resto de sus días en la jaula de Mathilde.

Mathilde
  (Furiosa) ¿Jaula?

Mister Cokker
  Eso de la jaula lo he oído ya por otro lado.

Heine
  ¡Qué bien que por una vez nuestros amigos y nuestros enemigos estén de acuerdo en algo!

Mathilde
  (Gritando a Mister Cokker) ¿Jaula? ¿Quién dice eso?

Mister Cokker
  (A la defensiva) No quiero decir nombres.

Heine
  ¡Cuidado, cuando se pone furiosa es un peligro!

Mister Cokker
  (A Mathilde) Lo de la "jaula" no lo he dicho yo. Cómo se me iba a ocurrir a mí que él o usted... en una jaula...

Mathilde
  ¡Ya estamos otra vez con la jaula! ¡Fantasioso!

Mister Cokker
  Yo simplemente quiero mostrar a mis lectores, en su mayor parte señoras... quién es el célebre poeta Heine...

Mathilde
(Toma un libro de un montón y se lo lanza a Mister Cokker a la cabeza) ¡Toma poeta, descerebrado!

Mister Cokker
Créame...

Mathilde
¡No, de usted no me creo nada!

(Le lanza otro libro)

Heine
¡El "Libro de las canciones"!

(Mathilde le lanza otro libro más)

Mister Cokker
(Le ha dado y se lamenta) ¡Ay, qué daño!

Heine
"Cuadros de viaje, dos" *(Recoge el primer libro)* El "Libro *Le Grand*", una obra de juventud. Tengo aún tantos libros por escribir, ¡pero por lo que veo, son un arma arrojadiza!

Mister Cokker
¡Menos mal que no son novelones como los que escribe monsieur Balzac!

(Heine ríe)

Mathilde
(Cada vez más furiosa) ¡Sí, tú ríete con él! Eres tan simple

que te dejas engañar por cualquiera, simplemente porque hable de tus libros.

Heine
También ha hablado de los libros de Balzac.

Mathilde
Seguro que tus enemigos de Alemania le pagan para que no escriba más que mentiras y se invente escándalos.

Mister Cokker
Yo soy súbdito británico, Madame.

Mathilde
Me da igual. Sus enemigos judíos están detrás de todo eso. *(A Heine)* Eres tan simple. Eres el más simple de todos los simples.

Mister Cokker
¡No, no diga eso delante de mí, no lo toleraré!

Mathilde
¡Pues entonces salga!

Mister Cokker
(A Heine) No quiero salir de aquí sin intentar al menos reconciliar a la pareja.

Mathilde
¡Qué maldad! ¡Atrévase!

Heine
(A Mister Cokker) ¡He envenenado el loro de mi mujer, y eso a usted ni le va ni le viene!

Mathilde
 ¡Envenenado! ¡Ahora lo confiesa! ¡Me vengaré!

Heine
 ¡Tú inténtalo!

Mister
 ¡Ay, si consiguiera tranquilizarles un poco!

Mathilde
 (Monta en cólera) ¡No queremos que nos tranquilice! ¡Déjenos en paz!

Heine
 (Ríe, a Mister Cokker) ¿Ve qué dientes más bonitos tiene?

Mister Cokker
 Tal vez... no sé...

Mathilde
 De todas formas está ciego.

Heine
 ¡La rabia es lo que mejor te sienta!

Mathilde
 ¿Así que por eso me pegas esas palizas?

Mister Cokker
 ¿Que maltrata a su mujer? Nosotros los ingleses...

Heine
 (Ríe) ¡Regularmente! ¡Por el cutis!

Mister Cokker
En ese caso, permita que le diga...

Heine
¡Todos los lunes!

Mathilde
¡Pero si yo soy mucho más fuerte que tú!

Mister Cokker
Eso me parece a mí también, pero...

Mathilde
(Amenazante) ¡Pero qué!

Mister Cokker
No, nada. Quiero decir que no se debería exagerar el valor de la fuerza física frente al de la fuerza mental...

Heine
¿Oyes eso, Mathilde?

Mathilde
Vaya, ahora se calla.

Heine
¡Pues dejémosle aquí plantado y vayamos a Véfour a comprar un vestido nuevo!

Mathilde
(Ríe) ¡Y un loro nuevo! *Salen riendo.*

Mister Cokker
(Confuso, al público) Es muy difícil entender a un poeta alemán si uno es una persona razonable.

UNA RELIGIÓN

Se abren de golpe las siete puertas: Cristo, inclinado bajo el peso de una enorme cruz de madera, pasa por delante de las puertas como en procesión, atravesando un paisaje nevado.
Heine, gravemente enfermo, en su lecho.

Heine

Ya lo único que puedo mover libremente son las manos y los brazos. Tengo terribles dolores. *(Se percata de la figura de Cristo, le llama)* ¡No se crea que no tengo religión! ¡La morfina también es una religión! Cuando se esparce un poco de ese polvo gris por estas heridas que tanto me duelen y se me pasa el dolor en seguida... ¡eso es la redención de todos los males! Esa redención puede rivalizar con todas las promesas de una vida mejor. Cuando no puedo soportar más el dolor *(se acerca a Cristo arrastrándose)* tomo morfina. *(Se agarra a él, Cristo quiere quitárselo de encima. Luchan, caen al suelo)* Cuando no puedo acabar con mis enemigos, los dejo en manos de la Providencia. ¡Y si ya no puedo defender mis intereses solo, los dejo en manos de Dios! Pero lo económico, eso lo sigo controlando yo *(se levanta ágil y curado),* él de eso no entiende. *(Sale rápidamente)*

CABEZAS

Heine, gravemente enfermo.

Heine
(Grita) ¡Mister Cokker! ¡Mister Cokker! ¿Dónde se ha escondido esta vez? ¡Tengo que hablar con usted ahora mismo! ¡Es importante! ¡Tengo que decirle algo muy importante!

(Mister Cokker saca la cabeza del armario para mirar)

Heine
Ah, esta vez está ahí, debajo de los vestidos de Mathilde.

Mister Cokker
¡Sin querer, ha sido sin querer! Ha sido...

Heine
(Le interrumpe imprecándole) ¡Los vestidos de Mathilde!

Mister Cokker
Me confundí de puerta al salir.

Heine
¿Ha tomado nota de todo lo que le he ido diciendo hasta ahora?

Mister Cokker
> Si, todo está escrito, he guardado con todo cuidado cada detalle biográfico que me ha comunicado. Está todo apuntado en este cuaderno.

Heine
> ¡Muy bien! ¡Pues tírelo! *(Le quita el cuaderno de las manos, lo hace pedazos)*

Mister Cokker
> ¡Pero qué hace!

Heine
> ¡Ya lo ve! No quiero que llegue a la gente una biografía errónea de mi persona. Sólo pensarlo me horroriza.

Mister Cokker
> Pero si usted mismo lo ha contado así, yo no he puesto ni he quitado nada.

Heine
> ¿Y qué le he contado yo?

Mister Cokker
> ¡Ahí tiene las páginas que yo he escrito apretadamente, esparcidas por el suelo! *(Intenta recogerlas, pero Heine se lo impide)*

Heine
> ¡Todo mentiras, todo falso! ¡Inventos!

Mister Cokker
> Me sorprende. Si todo lo que ha contado tan de buen grado era inventado o, como usted mismo dice, una mentira, entonces, ¿cómo fue su vida en realidad?

Heine
    ¡Míreme!

Mister Cokker
    No hago otra cosa todo el tiempo.

Heine
    ¿Soy joven o viejo?

Mister Cokker
    En cierta manera usted no es ni joven ni viejo.

Heine
    ¡No hay manera! ¿Por qué tengo yo que pelearme con semejante sinrazón británica?

Mister Cokker
    ¡No está siendo justo conmigo! ¿Cuándo nació?

Heine
    Soy hijo de la revolución.

Mister Cokker
    Tomo nota.

Heine
    Mi vida ha sido corta y fogosa.

Mister Cokker
    Eso también lo apunto.

Heine
    Era un revolucionario. Los revolucionarios tienen la enorme ventaja de no llegar a viejos. Los ejecutan. Se

ahorran las vejaciones de la decadencia física y las contradicciones que la vida les impone a otros, tampoco les atormenta la duda. No se ve obligado a ver cómo la revolución degenera en mero afán de nivelación de clases, ahogándose en denuncias y tiránica pedantería.

Mister Cokker
Tomo nota.

Heine
He estado sentado en lo alto de un árbol y he visto cómo en Düsseldorf Napoleón marchaba a lomos de su caballo por los jardines reales y he gritado con mi vocecita infantil: *¡Vive l'Empéreur!* porque él iba a caballo por donde no estaba permitido, a menos que uno fuera el propio emperador. Ya de niño lo sabía: es el espíritu del mundo a caballo. Más tarde, Hegel me lo copió. Por entonces ese conocido filósofo anunció que Dios no existe fuera del hombre, que está dentro del hombre y que por lo tanto el ser humano es su propio Dios, una idea que también hizo suya mi joven amigo el doctor Marx. ¡Un ardiente revolucionario es lo que yo era! Suprimimos los conventos, aireamos las iglesias para darles un uso práctico, y arrebatamos a la nobleza sus privilegios. ¡Guerra a la injusticia milenaria, a la necedad generalizada! Igualdad y libertad para todo el mundo, incluso para el judío Nasenstern, que durante tanto tiempo tenía miedo de su amigo, el tamborilero.

Mister Cokker
Se enciende usted al hablar, no puedo apuntarlo todo tan rápido.

Heine
¡Queríamos fundar una nueva época, mis compañeros

de armas y yo! Una época de luz de la razón y de hedonismo sin el pálido mártir de la cruz y el tétrico y vengativo Jehová, que se llevó consigo el pueblo judío al salir del país de las momias y de los cocodrilos. Siempre estuve al pie del cañón, hasta mi prematuro final.

Mister Cokker
¿Prematuro final? ¿Es que ha muerto usted?

Heine
Sí, a los veinticinco años. Mi ejecución entristeció a algunos y alegró a otros, como se puede usted imaginar, y a algunas señoras ambas cosas: lloraron de alegría de poder llevarse a casa mi cabeza.

Mister Cokker
¿Su cabeza?

Heine
Cada una de ellas la puso en una maceta, le dieron sus cuidados y la regaron y esperaron con impaciencia a que brotara una hermosa flor. Y según tengo entendido, dicen que salieron flores muy distintas.

Mister Cokker
No salgo de mi asombro.

Heine
¡Pues mírelo!

(Entran cuatro señoras portando macetas con la cabeza de Heine plantada. Las cuatro cabezas hablan y cantan a la vez)

Primera cabeza
(Habla tartamudeando, de forma arrebatada, entrecortada, casi ininteligible)
Quien mucho tiene, en breve
más habrá de tener.
Y a quien poco tiene,
eso poco le quitan.

Pero si nada tienes,
ay, pobre, ya te puedes morir,
sólo los que algo tienen
tienen derecho a vivir.

Segunda cabeza
(Elegíaca)
Alma inmortal, cuídate
para no sufrir pena
al dejar tu morada terrena:
conocerás la noche y la muerte.

A las puertas de la ciudad del sol
esperan ya los soldados de Dios
preguntan por tus obras, por tus actos,
no por nombres ni por cargos.

Tercera cabeza
(Canta jubilosa)
Rosa y azucena, tórtola y estrella
—amadas de antes que dejé por Ella—,
ya no me ilusionan... Ahora me fascina
—fina, cristalina, divina, una y trina—,
la graciosa fuente de todo, en aquélla
que es rosa, azucena, tórtola y estrella[6].

6. Traducción de José Fuentes Ruiz, aparecida en *Heinrich Heine: selección de su obra lírica y versión directa del alemán por José Fuentes Ruiz* (Madrid : Gráficas Reunidas, 1947).

Cuarta cabeza
(Segura de su victoria)
¡Una canción nueva, una canción mejor,
Amigos, os quiero componer!
Vamos a erigir ya aquí en la tierra
El reino de los cielos[7].

¡Guisantes para todos
en cuanto revienten las vainas!
El cielo lo dejamos
para los ángeles y los gorriones.

Mister Cokker
¡Esta maravilla de la botánica me tiene confundido! Porque por otra parte veo que lleva usted la cabeza sobre los hombros como Dios manda.

Heine
(Agarrándose la cabeza) Le confesaré un secreto: Mathilde ha encargado que la copiara a un especialista que trabaja en el teatro. ¿Está muy lograda, no le parece?

---

7. Tomo esta primera estrofa de la traducción publicada por Jordi Jané de *Deutschland, ein Wintermärchen/Alemania: un cuento de invierno* (Barcelona: Bosch, 1982).

JUEGO DE NIÑOS

Heine solo. Se sujeta la cabeza con ambas manos, como quien tiene un fuerte dolor de cabeza.

Heine

¡El mundo hace tanto ruido! No podemos quedarnos en ese piso, Mathilde. *(Grita)* ¡Mathilde! tengo un dolor de cabeza insoportable. ¡Y esos niños de ahí fuera, que le dejan a uno sordo con sus gritos horribles! Hasta ahora no me había enterado de que aquí al lado hay un patio de escuela. ¡No me habías dicho nada, Mathilde! ¡Cómo gritan! ¡Reconozco las voces! El que más grita es Hänschen Röhrbein. ¡Hänschen, cállate de una vez! No quiero escuchar lo que me gritas al oído. Mathilde, cierra las ventanas.

(Un grupo de niños irrumpe en el interior gritando: se han puesto barbas largas, algunos llevan un caftán largo y sombreros de pico, traen libros, y uno de ellos, un rollo de la Tora)

Los niños

(Gritando) ¡Un judío bajo con barba larga! ¡Un judío bajo con barba larga! ¡Un judío bajo...!

Heine

Sí, eso es lo que le he dicho al maestro en la escuela: mi abuelo es un judío bajo con una barba larga. Y era cierto. Sí, lo era. ¿Por qué gritáis? ¿Y por qué reís? ¿Y por qué os reís tan alto?

(Los niños gritan)

Heine
¿Cómo sois? El maestro dijo en clase que cada uno de nosotros tenía que describir cómo era su abuelo. Pero sólo os reís del mío, os reís de mí.

> *Los niños se echan encima unos de otros, se quitan a golpes el sombrero de la cabeza y se quitan a empujones los caftanes. Rompen los libros en pedazos y se arrancan la larga barba gris unos a otros, para lanzársela luego a Heine a la cara. Salen huyendo entre gritos. Sólo queda el muchacho sordomudo. Sonríe.*

Heine
(Nervioso) ¿Cómo te llamas?

(El muchacho sordomudo sonríe)

Heine
¿Sabes quién soy?

(El muchacho sordomudo sonríe)

Heine
Me habéis gastado una broma muy pesada.

(El muchacho sordomudo sonríe)

Heine
¿Por qué lo habéis hecho?

(El muchacho sordomudo sonríe)

Heine
(Furioso) ¡Respondédme de una vez! ¿Os ha dicho alguien algo al oído para animaros a ir sembrando el terror por ahí?

(El muchacho sordomudo sonríe)

Heine
¡Tú también estabas con ellos! ¡Habla!

(El muchacho sordomudo sonríe)

Heine
(Más tranquilo) Ah, la sinagoga no está en llamas, tal vez fue sólo una travesura de críos, ¿fue así?

(El muchacho sordomudo sonríe)

Heine
Me lo he tomado demasiado a pecho. Me he enfadado sin motivo. ¡Vete a casa!

(El muchacho sordomudo sonríe)

Heine
(Lo mira detenidamente) ¡Ni siquiera me oyes! ¡Y tampoco hablas! ¡Inocente, angelito! ¡Ahora lo entiendo! Las palabras no pueden herirte y tú no hieres con las palabras. Ahora ya sé quién eres, tú eres el sonriente barquero mudo que acoge en su barca a los que huyen y los lleva por el Rin. *(Toma al muchacho sordomudo de la mano y sale con él)*

(El muchacho sordomudo sonríe)

UNA VIEJA HISTORIA

Se abre el telón: fiesta del Passah en casa del rabino de Bacherach. En torno a una mesa de gala se reúne un grupo de judíos con indumentaria medieval, en parte muñecos de tamaño natural y en parte personas de verdad. Los hombres van vestidos de negro, las mujeres de múltiples y brillantes colores. Sarah, que al igual que su marido, el rabino, se encuentra sentada en un alto, lleva un vestido blanco sin adornos. El rabino (un muñeco de tamaño natural) se parece a Heine. Por detrás del rabino aparece Heine, que maneja el muñeco del rabino, sosteniéndole la cabeza con una mano y el brazo y la mano con la otra.

En esta escena Heine es el único que habla.

Heine
(*Haciendo que el muñeco del rabino lea un libro situado delante de él*) "Mira, estos son los alimentos que tomaron nuestros padres en Egipto. Todo aquél que pase hambre, que venga y coma. Todo aquél que esté triste, que venga y comparta nuestra alegría en Passah. Este año celebramos aquí la festividad, pero el año que viene lo haremos en Israel. Este año todavía la celebramos como esclavos, pero el año que viene lo haremos como hijos de la libertad".

(Entran dos hombres con amplios abrigos oscuros y se sientan a la mesa)

Heine
"Entonces se abrió la puerta de la sala y entraron dos

hombres altos y pálidos, arrebujados en amplísimos abrigos, y uno de ellos dijo: La paz sea con vosotros, somos vuestros hermanos en la fe; estamos de paso y deseamos celebrar con vosotros la fiesta de Passah. Y el rabino respondió rápida y amablemente: La paz sea con vosotros, sentáos cerca de mí".

> *(Los dos hombres se sientan en una esquina, al extremo de la mesa y de espaldas al espectador. Durante la lectura del siguiente texto y sin que se percaten los comensales, uno de los hombres se inclina hacia abajo, levanta un poco el mantel que colgaba hasta el suelo y deja caer hábilmente bajo la mesa un atillo que ha sacado de su amplio gabán, luego vuelve a colocar el mantel)*

Heine

"La bella Sara no dejaba de mirar a su marido a los ojos, pensando mientras en los cuadros atrevidos y multicolores que ya de pequeña tanto le gustaba contemplar: Abraham destruyendo a martillazos los ídolos de piedra de su padre, los ángeles llegándose hasta él, el faraón sentado en su lujoso trono y acosado por las ranas, que ni durante la comida le conceden un respiro, hasta que, gracias a Dios, se ahoga, los hijos de Israel atravesando cautos el Mar Rojo y luego, de pronto boquiabiertos ante el Monte Sinaí, junto a sus ovejas, vacas y bueyes, y también el piadoso rey David tocando el arpa, y por último el brillo del sol alumbrando Jerusalén, con sus torres y almenas".

> *(El cuadro del Jerusalén celestial aparece en lo alto. Heine hace que el muñeco del rabino desvíe un momento la mirada del libro y mire bajo la mesa torciendo la cabeza)*

Heine

"Mientras la bella Sara no dejaba de mirar a su marido, vio cómo de repente se le deformaba el rostro con una horrible parálisis y cómo se le salían los ojos de las órbitas como témpanos de hielo. Pero casi en ese mismo momento vio cómo le volvía el color a los labios y mejillas, sus ojos volvían a dar vueltas vivarachos e incluso cómo un maravilloso buen humor, desconocido en él, invadía todo su ser".

(De repente, Heine hace que el muñeco del rabino, que hasta ahora se ha movido con solemne parsimonia, actúe de otra forma completamente distinta: con infantil despreocupación, dejándole que gaste bromas, salpicando a las muchachas con el vino tinto de un vaso y reaccionando con risas traviesas ante las quejas guasonas de ellas)

Heine

"Había llegado el momento de la cena. La bella Sara iba ofreciendo a cada uno de los invitados una gran pila de plata, ricamente decorada con figuras de oro encastradas, mientras otro le echa agua por las manos. Cuando fue a hacer lo propio con el rabino, le hizo señas con los ojos para que se dirigiera a la puerta".

(Heine hace que se levante el muñeco del rabino, sale con él por la puerta. El muñeco del rabino vuelve la cabeza hacia Sara. Sara sigue a ambos De repente debajo de la mesa puede verse al resplandor de la luz el atillo escondido, se trata del cadáver desnudo de un niño, con el cuello cortado por la mitad, de donde sale un chorro de sangre. Oscuro. Cae el telón

Delante del telón: Heine y Sara a orillas del Rin. Heine estrecha en sus brazos a la desesperada)

Heine

"No podía dejar que se me notara que puedo ver la obra del mal, que los últimos invitados en llegar no eran de la tribu de Israel, sino del grupo de ateos que clandestinamente depositaron el cadáver dentro de la casa, para inculparnos de infanticidio y provocar así al pueblo para que nos saquee y nos asesine. Pero no temas, bella Sara, los muy malvados sólo están ávidos de mi sangre, me he escapado de sus garras y se contentan con mi oro y mi plata. Nuestros familiares y amigos también estarán a salvo".

(Heine le quita la fuente de plata y arroja ésta al Rhin)

Heine

"Para que no nos persiga la desgracia, he arrojado al agua la última de mis pertenencias en tono de reconciliación".

(Salen.
Se levanta el telón: la mesa vacía, y los comensales yacen muertos, los cadáveres están mutilados. Tras las puertas cerradas pasa de largo lentamente la barca con Sara, Heine y el barquero sordomudo a bordo.

Los cadáveres son retirados, desalojados bruscamente y sin ninguna consideración.

Durante la siguiente escena aún puede verse el Jerusalén celestial.

Hans el del tambor a las puertas del guetto, hace redobles de tambor.

> *Se abre la puerta una rendijita. Nasenstern cotillea lo que pasa fuera, vuelve a cerrar rápidamente)*

Voz de Stern
(Tras la puerta cerrada) Hans, esa es una mala canción, no pega con el tambor, y no pega para una mañana de Pascua. ¡Ay, ay, ay! Una canción mala, una canción peligrosa. Hans, pequeño Hans, el del tambor, soy una sola persona y si me aprecias, si aprecias a Stern, al largo Stern, al largo Nasenstern, basta ya[8].

Hans el del tambor
(Canta)
Aquí viene un joven,
le ha crecido la barba
Aleluya.

> *(Nasenstern vuelve a abrir la puerta una rendija, mira afuera)*

Nasenstern
(Grita) ¡Hans! *Vuelve a cerrar la puerta rápidamente.*

> *(Hans el del tambor toca el tambor)*

Nasenstern
(Desde dentro) Yo no soy más que una sola persona y esa es una canción peligrosa, y no me gusta escucharla, y yo tengo mis razones, y si de verdad me aprecias, canta otra cosa. Y mañana bebemos...

---

8. Esta escena está tomada, en su integridad y sólo con muy leves modificaciones, de la narración original de Heine *Der Rabbi von Bacherach*.

Hans el del tambor

(Deja de tocar el tambor) Que el diablo se lleve a los judíos, pero tú eres mi amigo, Nasenstern, te protegeré y si seguimos bebiendo juntos a menudo, hasta te convertiré. Seré tu padrino de bautizo y si tienes ingenio y aprendes lo que yo te enseñe, llegarás incluso a ser tamborilero. Sí, Nasenstern, aún puedes llegar a ser alguien. Ahora abre la puerta, que hay aquí dos judíos extranjeros que quieren entrar al guetto.

(Entretanto se ha acercado Heine con la bella Sara)

Nasenstern

(Se lamenta) ¿Que abra la puerta, querido Hans? No, no, de ninguna manera. Yo no soy más que un solo hombre, dos personas, eso es imposible.

Hans el del tambor

¡Que el diablo se lleve a los judíos! *(Ríe como si hubiera contado un chiste. Sale)*

Heine

Por fin se oyó un soniquete de llaves, se abrió uno de los portones con gran estruendo y el rabino entró junto a su esposa en una calle absolutamente desierta de la judería.

(Sara entra por la puerta. La puerta vuelve a cerrarse)

UN CABRITILLO, UN CABRITILLO

Heine, recostado sobre su camastro.

Nasenstern
(Sale por la puerta del guetto) Si ya está toda nuestra gente en la sinagoga, que oiga narrar la historia de cómo Isaac había de ser sacrificado. La historia tiene gran importancia, porque si Abraham realmente hubiera matado a Isaac y no al cabritillo, entonces ahora habría menos judíos y más cabritillos danzando por el mundo. He dicho. *(Canta)*

Un cabritillo, un cabritillo
compró mi papá
por un real.

Luego vino el gatito
y se comió al cabritillo
que compró mi papá
por un real.

Y luego vino el perrito,
y mordió al gatito
que se comió al cabritillo
que compró mi papá
por un real.

Y luego vino la garrotita
y pegó al perrito,

que mordió al gatito
que se comió al cabritillo
que compró mi papá
por un real.

Y luego vino la hoguerita
y quemó la garrotita
que pegó al perrito,
que mordió al gatito
que se comió al cabritillo
que compró mi papá
por un real.

Y luego vino el agüita
que apagó la hoguerita
que quemó la garrotita
que pegó al perrito,
que mordió al gatito
que se comió al cabritillo
que compró mi papá
por un real.

Y luego vino el buey
y se bebió el agüita
que apagó la hoguerita
que quemó la garrotita
que pegó al perrito
que mordió al gatito
que se comió al cabritillo
que compró mi papá
por un real.

Y luego vino el carnicero
y sacrificó al buey

que se bebió el agüita
que apagó la hoguerita
que quemó la garrotita
que pegó al perrito
que mordió al gatito
que se comió al cabritillo
que compró mi papá
por un real.

Y luego vino el ángel exterminador...
(Recita) El ángel de la muerte
(Canta) Y mató al carnicero
que sacrificó al buey
que se bebió el agüita
que apagó la hoguerita
que quemó la garrotita
que pegó al perrito
que mordió al gatito
que se comió al cabritillo
que compró mi papá
por un real.

Heine
Una canción muy larga.

Nasenstern
Sí, se tarda tiempo hasta que se mueren todos y vuelve a reinar la justicia. Pero ese día llegará. Entonces vendrá el ángel de la muerte y matará al matarife y toda nuestra sangre caerá sobre Edom, pues Dios es vengativo.

Heine
Pero te has dejado la última estrofa, Nasenstern, y ésa es la importante.

(Canta)
Y luego vino Dios nuestro Señor
y mató al ángel exterminador.

Eso significa que Dios mató al ángel de la muerte. No hace falta que muramos.

JE FLÂNE

Mister Cokker se encuentra a Heine en la calle, corre tras él.

Mister Cokker
¿Adónde va, monsieur Heine?

Heine
Uno no sabe nunca adónde va. Voy de paseo. Je flâne.

Mister Cokker
(Se le arrima, insistente) Nous flânons.

(Van juntos paseando por el París multicolor y ruidoso. Hay puertas abiertas)

Mister Cokker
Por un lado usted me proporciona información acerca de las rarezas biográficas de su vida de buen grado, pero por otro, esas informaciones son en cierta medida erróneas.

Heine
No me importa.

Mister Cokker
Incluso ha llegado a declararse muerto. Y ayer, por ejemplo, me contaba usted...

Heine
(Le interrumpe) ¿Cuándo fue ayer?

Mister Cokker
Y a lo mejor hoy me enteraré de que usted...

Heine
(Le interrumpe) ¿Qué?

Mister Cokker
(Lamentándose) ¡Ojalá lo supiera! ¡Ojalá lo supiera!

Heine
¿Acaso no sabe que me paso la vida como un pobre loco? Vaya por la calle Lafitte, ahí me paso noche tras noche sentado en una piedra, ¡no pocas veces bajo la lluvia! Las carrozas me salpican de porquería al pasar de largo a toda velocidad.

Mister Cokker
¿Y espera que me lo crea?

Heine
Me siento en la piedra con un maillot color carne. Yo mismo me sorprendo, pero uno no puede estar completamente desnudo, en estas noches tan frías de noviembre. Y tampoco está permitido andar por ahí en cueros como en la antigua Grecia.

(Los dioses prestan ahora atención y hablan entre ellos)

Heine
(Escucha; a Mister Cokker) ¿Oye eso?

Mister Cokker
Me parece que usted se inventa sus propias circunstancias como le da la real gana.

Heine
Antes del combate, el rey Leónidas, con la cabeza coronada de flores, bailaba completamente desnudo con sus trescientos espartanos. ¿Conoce el cuadro de David?

Mister Cokker
No, lo siento.

Heine
Mi corona de flores hace tiempo ya que se marchitó, también mi cabello se ha vuelto cano y mi corazón se debilita en mi pecho. He esperado tanto tiempo el combate, la sagrada victoria de la muerte por la patria. La gente me mira compasiva y les oigo susurrar: ¡pobre iluso! ¡pobre iluso! Ése será mi final.

Mister Cokker
Lo sentiría profundamente.

Heine
¿Cree usted que no hay nada después de la muerte?

Mister Cokker
Ésa es una pregunta importante... mucho... No soy quién para decidirlo.

Heine
Tengo dos opiniones contrarias al respecto, como casi siempre. Mire, le he dado muchas vueltas. Cuando estoy de humor pienso que sólo tenemos esta vida y que tenemos que disfrutarla al máximo, ¡es nuestra obligación! El disfrute es mi religión, mire cómo asienten ahí arriba mis dioses!

Mister Cokker
Lo apunto.

(Las figuras celestiales abandonan su lugar y desaparecen)

Heine
Tengo pensamientos diurnos y nocturnos que pugnan entre sí. Hace poco soñé que me metía en un cementerio de madrugada para reflexionar sobre la resurrección. Y para mi asombro vi cómo junto a cada tumba había un par de botas relucientes, del estilo a las que se ponen en los hoteles junto a las puertas. Reinaba un agradable silencio en el cementerio, los peregrinos en la tierra, cansados, estaban durmiendo en sus tumbas, todas seguidas, y las botas relucientes, colocadas en largas filas, brillaban con la primera luz del alba como la prueba irrefutable de la resurrección.

Mister Cokker
¿Y sólo había botas? ¿Zapatos de señora no?

Heine
Eso también me extrañó. Es que las señoras son criaturas inconstantes, probablemente subieran de un salto a la resplandeciente sala de las alturas para asistir al eterno baile de la ópera. La música es de Meyer-Beer, me gustaría saber cómo se ha hecho con ese suculento encargo. Es que los músicos lo tienen más fácil que los poetas. Mueren pobres. Mire a esos señores tan sombríos de ahí. La palabra "cementerio" los atrae irremediablemente. Están esperando ansiosos a cantar junto a mi tumba. *(A los señores de negro)* Comprendo que estén enfadados de tanto esperar. Vamos a hacer una cosa: yo

me recuesto un poco en la tumba abierta, me tapo los oídos y ustedes cantan y luego se va cada uno por su lado. Entonces yo me levanto de nuevo del sepulcro ya como cristiano creyente. Mister Cokker levantará acta de todo.

Mister Cokker
Disculpe, tengo que cerciorarme de que los señores sean de carne y hueso. *(Se dirige a uno de los señores)* ¿Permite usted que le pellizque? *(Le pellizca antes de que llegue a responder)*

(El señor asiente con solemnidad)

Heine
(Se ha tumbado en el suelo rápidamente) Ya estoy tumbado y con los oídos tapados. ¡Canten!

(Los señores se colocan y empiezan a cantar: "En la noche primaveral cayó rocío". Interrumpen su canto. Silencio)

Heine
(Aparta las manos de los oídos) ¿Han cantado algo?

Uno de los señores de negro
Nosotros en realidad no somos cantantes.

Heine
Ah, ¿no? ¿Y entonces qué son ustedes?

El hombre de negro
Somos trabajadores y artesanos alemanes que hemos abandonado nuestro país a causa de nuestra ideología libertaria.

Heine

¡Ah! Ahora entiendo por qué miran de esa forma tan sombría. ¡No porque yo siga vivo, sino porque van a hablar de Alemania! Y eso le pone a uno triste. ¡A mí también me pasa!

El hombre de negro

¿Cuándo haremos de una vez uso apropiado de nuestros encinares, o sea, como barricada para la liberación del mundo? ¿Llegaremos alguna vez a usar los dones que Dios nos ha dado y a comprender, proclamar y llevar a la práctica la teoría de los derechos humanos?

Heine

Eso me suena.

El hombre de negro

Lo ha escrito usted mismo.

Heine

Entonces era optimista. Debió de ser una época muy hermosa... ¿Qué esperan ustedes de mí?

El hombre de negro

Usted es un gran poeta alemán, ¡ha de ser nuestra voz! ¡Venga a nuestras reuniones y devuélvales el ánimo a los que están decaídos! ¡El pueblo que sufre, oprimido, le necesita!

(El hombre de negro se ha acercado a Heine y va a estrecharle la mano)

Heine

(Apartándose) ¡No se acerque tanto! Apesta a tabaco malo. *(Se echa hacia atrás)*

El hombre de negro
Es posible.

Heine
No soporto el olor a tabaco, aguardiente y velas de sebo, por esa misma razón no puedo tampoco ir a sus reuniones.

El hombre de negro
Es una lástima, señor Heine, pero la revolución no se hace con aceite a lavanda.

Heine
Ya lo sé. Pero mi nariz... Lo que no comprendo mediante la razón, lo entiendo mediante el olfato. Y si bien estoy a favor de su revolución y no quiero reconocerlo, pero mi nariz me dice que apesta.

El hombre de negro
Lo que usted quiere es fastidiarnos. No nos lo esperábamos de usted.

Heine
No, si yo estaba dispuesto a taparme la nariz... la autoinmolación es uno de nuestros placeres más refinados. Nos gusta sacrificarnos en pro de la emancipación del pueblo, pero a mí personalmente la cercanía y el roce me resulta desagradable. Y no digamos ya los abrazos y las caricias del pueblo... ¡Dios me libre! ¡Váyanse a casa, por favor! Déjenme primero que me muera, luego estoy a su disposición.

El hombre de negro
¡Qué hermoso es el pueblo! ¡Qué bueno es el pueblo! ¡Qué inteligente es el pueblo!

Heine

¡Cómo compadezco al pobre pueblo! Pero si de verdad llega al poder: miedo me da que suba al poder este torpe soberano.

> *(Echa a los hombres de negro con cajas destempladas.*
>
> *Mathilde llega en alegre exaltación, algo ebria, vestida de diosa griega)*

Mathilde

¡Me ha contratado para la función! ¡Dice que tengo que actuar a toda costa! Ha dicho que hasta a ti te gustará, aunque no tengas ni idea de esas cosas.

Heine

¿Quién?

Mathilde

¡El marido de Silvie! ¡Seraphim, el que lleva el hipódromo! A él siempre se le ocurren las cosas más peregrinas.

Heine

¿Y de qué se supone que vas a salir?

Mathilde

Tengo que llevar una lámpara sobre la cabeza sin balancearme.

Heine

¿Y eso qué se supone que significa?

Mathilde

¡Siempre me aguas la fiesta! Era tan gracioso, ya hemos

hecho todas las pruebas, la gente se desternillaba de risa.

Heine
¿Por ti?

Mathilde
Cuando te veo esa cara... ¡Vaya cara estás poniendo! Estás celoso.

Heine
¡Intrigado!

Mathilde
No, no, estás celoso.

Mister Cokker
Si me permiten la pregunta, ¿de qué tipo de representación se trata?

Mathilde
Escucha, escucha: parece que tu perverso inglés también quiere actuar.

(Mister Cokker rehusa asustado)

Heine
(Severo) ¡Yo también quiero saberlo, Mathilde!

Mathilde
Yo voy a representar a un personaje, y mi figura va muy bien con ese personaje.

Heine
¿Figura? ¿Qué figura?

Mathilde
   (Divertida) Todos han dicho que tengo muy buena figura y tú también me lo dices, cuando te pones.

Heine
   ¡Ya me estás diciendo lo que haces! ¿Vas a salir desnuda?

Mathilde
   Podría. Le gustaría a todos los señores.

Heine
   ¡Pero a mí no!

Mathilde
   Yo encarno a la ciencia. Por eso mismo sostengo la lámpara en alto.

Heine
   ¿Y ya está?

Mathilde
   ¡Hay más personajes! Yo me quedo quieta mirando a lo lejos y los demás me rodean.

Heine
   ¿Ah, sí?

Mathilde
   Señores con gruesas gafas harán de científicos. Lo investigan y lo examinan todo.

Heine
   ¿Puedes decirme de qué facultad son estos señores y qué investigan?

Mister Cokker
   Eso quisiera saber yo también.

Mathilde
   La sala se queda completamente en silencio, dice Seraphim. ¡Mira, el inglés ya está mirando embobado como una rana! *(Comienza a desvestirse)* Les he prohibido terminantemente que me hagan cosquillas, porque si no no me puedo estar quieta y tener las manos en alto sujetando la lámpara.

Heine
   (Furioso) ¡Eres tonta! ¡Rematadamente tonta! ¡Voy a cargarme a ese Seraphim! ¡Alegoría de la ciencia! ¡Tú la lámpara sobre la cabeza y que te soben esos hombres! ¡Se les cae a todos la baba mientras ese granuja hace su agosto!

Mathilde
   Fue un baile de disfraces muy bonito. *(Sigue desnudándose, le lanza la ropa a Mister Cokker)*

Heine
   No te voy a dejar salir de casa. Te voy a encerrar. Echaré las cortinas.

Mathilde
   ¡Qué bien lo pasé, mi disfraz era tan bonito...!

Heine
   (De repente muy serio, melancólico) No puedo dejarte sola, no puedo dejarte sola. No puedo dejarte sola. *(Le echa su abrigo por encima)*

   (Mathilde rompe a llorar)

Heine
   ¿Y ahora por qué lloras?

Mathilde
   (Sollozando) No te entiendo.

Heine
   ¿Por qué no? Hablo bastante bien francés, la lengua de la razón y de las mentes ilustradas.

Mathilde
   (Sollozando) ¿Ves? ¡Ya estás otra vez!

Heine
   (A Mister Cokker) ¿No es divina?

Mister Cokker
   Me recuerda a un bello paisaje inglés, con sus colinas.

Heine
   ¡Colinas! ¿Has oído, Mathilde? Nada de montañas escarpadas.

   (Mathilde llora desconsolada)

Mister Cokker
   Siempre me ha gustado comparar el cuerpo de la mujer con paisajes.

Heine
   Le voy a contar un secreto: Mathilde es una diosa de la Antigüedad. Ella no es de aquí, ha vuelto aquí. Los amargados de nuestros apóstoles han expulsado a los dioses de la Antigüedad, deliciosamente epicúreos, y sus

sucias orgías... pero algunos han vuelto disfrazados. Estoy tratando por todos los medios de volver a mezclarlos con la gente.

Mathilde
   (Solloza, persignándose) No te entiendo.

Heine
   ¿Lo has pasado bien?

Mathilde
   (Solloza, desesperada) ¡Sí, lo he pasado muy bien!

Heine
   ¡Le encargué a un buen sastre, que le hiciera el disfraz de diosa griega a la medida, cosido en condiciones!

Mister Cokker
   (Descubre al grupo de dioses griegos que han entrado tambaleándose, bebidos, revueltos, como después de un desfile de carnaval) ¿Y esta gente quién es?

Heine
   ¡Que no se estallen las costuras!

Mister Cokker
   En efecto, parece estar celoso, monsieur Heine. Todo lo contrario de sus ideas ilustradas.

Heine
   ¡Mathilde!

Mister Cokker
   ¿Y éstos son los dioses griegos que usted quiere volver a introducir?

Heine
> ¡Qué disfraces más mal hechos! ¡Qué tiempo me ha tocado vivir! ¡Todo degenera en disfraz y adorno!

Mister Cokker
> Pero a su esposa el disfraz de la Antigüedad le queda sorprendentemente bien.

Heine
> ¡No entiende nada! ¡Ay, mi cabeza, pobrecita! ¡Usted no tiene ni la más remota idea de lo que para mí significan los dioses griegos!

Mathilde
> *(Señala a cada una de las figuras)* ¡No son más que Jean-Luc, Gaston, Louis! ¡Y ahí está Marie-Rose! *(Risitas)*

Heine
> ¡De dioses, nada! ¡Mathilde a quien entiende es a mí!

Mathilde
> *(Rompe a llorar)* ¡Yo nunca te entiendo!

> *(Salen juntos. Los dioses griegos les siguen con la mirada mientras niegan con la cabeza)*

TÁNATOS

Heine, gravemente enfermo, en su camastro. Mouche de pie contra la pared.

Heine
¿Qué tal pinta tengo?

Mouche
Para mí, buena.

Heine
Todos los que vienen a verme se asustan en cuanto me ven. La mayoría lo disimula hablando atropelladamente de las últimas tendencias de literatura, de las circunstancias que reinan actualmente en Prusia, de un huracán en algún lugar de Asia, de las acciones de los ferrocarriles, del futuro del comunismo, tal como se lo imagina el doctor Marx y sobre el loro de Mathilde. Yo escucho con atención, agotado, y lo único que saco en claro es: pero qué mal aspecto tiene, el pobre Lázaro. Se callan.

Mouche
Yo le quiero.

Heine
¡Bah! No la conozco de nada. Ha entrado aquí de buenas a primeras. Para conseguir verla tendría que volver mucho la cabeza y estirar el párpado hacia arriba con el pulgar y el índice. Es agotador. *(Lo hace y la mira)* Veo

que es usted joven. Podría haberme amado cuando yo también lo era, hace nada, cuando me brillaban los ojos y no me cansaba de mirarlo todo. Pero ahora... ¡no la creo! *Enfadado:* No ha venido más que por curiosidad, como todos los que vienen a verme.

Mouche
sin volverse: Me está hablando. Me encanta oírle hablar.

Heine
Y luego vuelve a su hotel y escribe a toda prisa lo que he dicho y lo que no he dicho y lo manda a los periódicos, como hacen todos.

Mouche
Yo no apunto nada.

Heine
Entonces, ¿por qué se pasa aquí sentada horas y horas observándome?

Mouche
Yo no le estoy observando.

Heine
Por cierto, me da igual que escriba o no lo que digo, con tal de que no me aburra.

Mouche
Quiero estar cerca de usted.

Heine
¿Cómo de cerca?

Mouche
Lo más posible.

Heine
Voy a morir en breve, ya lo sabe.

Mouche
Pues entonces yo también me muero. *(Se vuelve hacia él y sonríe)*

Heine
Ahora puedo ver que sonríe.

Mouche
La muerte no me asusta.

Heine
Anda, anda, pequeña, eso lo dice uno cuando es joven y hermoso.

Mouche
Yo no quiero ser joven.

Heine
(Sarcástico) Querido ángel de la muerte, quieres seducirme con tu sonrisa. Pero yo no quiero morir, y aunque no sea más que un cadáver medio putrefacto e intoxique el aire de esta habitación con mis heridas pestilentes, yo quiero seguir viviendo, aunque ya apenas pueda paliar mis dolores con la morfina que echo siempre sobre la herida abierta que tengo en el cuello.

Mouche
El aire está tan cargado que casi no puedo respirar.

(Silencio)

Heine
¿Se acuerda de mí?

Mouche
He leído todas sus obras.

Heine
Entonces seguro que recordará que en mis años mozos yo me aferraba a la vida con uñas y dientes, mientras que entre los jóvenes cundía un cansancio vital que acabó extendiéndose casi como una epidemia. "Aunque yo no sea más que una sombra en un sueño, al menos eso es mejor que la fría y negra nada de la muerte".

Mouche
Ahora quien habla es el conde del Ganges, y la historia se desarrolla en Venecia.

Heine
Sí, así es como lo escribí.

Mouche
"La vida es tan dulcemente cómica y el mundo está tan deliciosamente confuso, es el sueño de un dios ebrio de vino que ha salido a la francesa de la reunión de dioses bebedores para ir a dormir a una estrella solitaria y ni él mismo sabe que todo lo que sueña, también lo crea. Y las visiones adquieren a veces formas alocadamente abigarradas, o también armónicamente sensatas. La Ilíada, Platón, la catedral de Estrasburgo, la Revolución Francesa, Hegel, los barcos de vapor..."

Heine

(*Comenta*) ¡La bolsa, en especial las acciones de ferrocarriles, de las que Rotshchild me dio unas cuantas!

Mouche

"...son pensamientos positivos en este creador sueño de un dios. Pero ese dios no tardará mucho en despertar, frotarse los ojos soñolientos y sonreír. Y nuestro mundo se ha diluido en la nada, más aún, no ha llegado nunca a existir".

Heine

(*Añade*) ¡Sin olvidarse de la invención de la censura prusiana, que aún hoy me sirve de fuente inspiración!

Mouche

"Aunque yo no sea más que una sombra en un sueño, al menos eso es..."

(*Fuera se oyen gritos roncos: ¡Harru, Harru!*)

Heine

(*Muy asustado*) ¡Ya está gritando otra vez! ¡Y el látigo restalla!

Mouche

(*Sorprendido*) ¿Qué le pasa, qué tiene?

Heine

¡Mire cómo grita! *¡Harru, Harru!*

Mouche

Yo no oigo nada. ¡Hay mucho silencio!

Heine
¡Ahora se acerca! ¡Va a doblar ya mismo la esquina, montado en su carroza! ¡Cierra la puerta!

> *(Mouche no sabe de qué le habla, pero se dirige hacia la puerta y la cierra)*

Heine
¡Qué miedo he pasado!

Mathilde
(Abre la puerta con brusquedad; furiosa, a Mouche) ¡La puerta se queda abierta, protestante de mierda!

Mouche
Al enfermo le molestaba el ruido.

Mathilde
¡Henri!

Heine
(Severo) Mathilde, tengo visita.

> *(Mathilde sale hecha una furia y cierra la puerta tras de sí)*

Heine
No le he oído durante años, pero en los últimos tiempos ha vuelto a perseguirme.

Mouche
Creo que Madame Heine no se fía de mí.

Heine
Y no le faltan razones, *ma chère*, a lo mejor quieres

secuestrarme, y eso no le gustaría nada a Mathilde, por lo que yo la conozco. Tal vez me subirías a su carreta, luego te montarías tú también cuando partiera.

Mouche
 ¿Quién?

Heine
 Michel el sucio, el trapero. La madre ha dicho: "no tengas miedo, no se refiere a ti, Harry, se refiere a su borrico, no quiere llevarte con él".

Mouche
 A mí me gustaría sacarle a usted de aquí, de esta habitación inmunda y asfixiante con las ventanas tapadas, donde le dejan a usted aquí tumbado en este colchón desgastado, en medio de terribles dolores.

Heine
 Sí, ángel de la muerte, ¿pero adónde me llevarías?

Mouche
 A su país.

Heine
 ¡Sin saberlo ha tocado usted un punto delicado, *ma chère!* ¿A qué país se refiere? ¿A qué siglo se refiere? ¿A cuál de los planetas que van zumbando en los remolinos del universo y que por las noches hacen señales a los hombres para atraerlos? ¿Cuál de ellos ha elegido para mí? O se refería acaso a la Bolkerstraße en la pequeña ciudad de Düsseldorf-am-Rhein?

Mouche
 No, no me refiero a eso.

Heine
Resuelva el enigma de dónde está mi patria querida.

Mouche
"La eritrina que está en medio del océano, ahí está posado el ruiseñor encantado mientras canta una canción al amor, las perlas miran curiosas desde sus conchas, los maravillosos nenúfares se estremecen de melancolía, los caracoles de mar, con sus conchas de porcelana multicolor a la espalda, vienen arrastrándose y las vítreas medusas de mil colores se mueven y estiran y todo bulle y escucha".

Heine
¡Qué bien lo formulé! ¡Un país bello y utópico! ¡Debería enviarle al joven doctor Marx este texto con una dedicatoria mía. Y usted se ha tomado la enorme molestia de aprendérselo de memoria, estimada mosca[9]!

Mouche
Me resultó tan fácil como si me hubiera salido del corazón.

Heine
¡El sueño de siempre! Después me he atenido a la realidad, que también tiene su gracia. Usted también debería hacerlo, *ma chère*, mosquita, para que no se deprima cada vez más. Quiero verla reír.

Mouche
¡Odio la realidad!

---

9. "Mosca" es el significado del término francés "mouche", que es como se llama este personaje.

Heine
Si siempre anda así, cabizbaja, ningún hombre se divertirá con usted.

Mouche
Bah, yo no le gusto, ¡usted no puede quererme!

Heine
Tanto da si la quiero como si no: pronto moriré. No puede contar conmigo.

Mouche
(Al público) Permanecimos largo rato en silencio. Lloramos y nuestras lágrimas se entremezclaron.

Heine
Sales de esta habitación y resulta que ves a un joven apuesto y te gusta y tú le gustas a él, tenéis la misma idea y de pronto estás viviendo en el paraíso terrenal. Te dice que te quiere. ¿Y cómo te lo dice? Espera, déjame pensar. Te dice, mientras alza las manos, tiene unas manos preciosas, delicadas y blancas, ¿no? *(Le enseña las manos)*

Mouche
Sí.

Heine
Es joven y descarado. Hace sus gracias, quiere conseguirte. Se te acerca mucho, te susurra al oído, te susurra una cochinada al oído, al tiempo que te muerde la bella y rosada oreja. Y te ríes, ¿o no?

Mouche
Sí, claro que me río.

Heine

¡Ahora además va de ganador! Está radiante. Arrogante, se enrosca como un sacachorchos un mechón de pelo para retirárselo de la cara. *(Lo intenta, sin llegar a conseguirlo)* ¡Vaya, acabo de describirme a mí mismo como era antes! No me viene nadie más a la cabeza cuando pienso en un enamorado. ¡Sólo yo! ¡Sólo yo! No te ríes. No tienes ni idea de los trucos y los juegos buenos.

Mouche

Yo estuve casada, pero muy poco tiempo.

Heine

¿Es que no te gustó?

Mouche

No.

Heine

¿Y a tu marido tampoco?

Mouche

Tampoco.

Heine

¡Eso sí que es tener buena suerte! ¿Cómo era él? ¿Tenía púas? ¿Olía a tabaco? ¿Se metía con calcetines en la cama? ¿No quería hacerlo o quería hacerlo todo el rato? ¿Cómo era?

Mouche

No lo sé.

Heine

¿Era rico, al menos?

Mouche

No lo sé. Al poco de casarnos nos fuimos rumbo a Inglaterra.

Heine

¿A sus posesiones?

Mouche

A mí me parecía un hotel distinguido.

Heine

La feliz pareja.

Mouche

Me dejó allí como un paquete y luego desapareció.

Heine

¿Tú sola en los salones iluminados?

Mouche

Había algunas personas más. Reía todo el tiempo, continuamente.

Heine

Porque se contaban chistes, supongo.

Mouche

Sí. Había una señora que llevaba siempre un cerdito en brazos. Le llamaba su príncipe heredero.

Heine

No deja de tener su gracia.

Mouche

Y otro llevaba la cabeza tapada con una bolsa que sin embargo siempre le quitaban.

Heine

Una hermosa metáfora.

Mouche

Uno iba saltando a la pata coja por la habitación, blandiendo un hacha. Nos amenazaba con segarnos una sola pierna de un hachazo para que fuéramos saltando como él.

Heine

Pobrecita mosca, y saldría luego pies para qué os quiero.

Mouche

Eso quería, pero había un hombre junto a la puerta que me impidió salir muy violentamente. Era un manicomio. Mi marido me había internado en un manicomio y había desaparecido.

Heine

Mi pequeña mosquita. Ahora tiene la gran fortuna de amar a un moribundo, y así se ahorrará todas las decepciones de esta vida.

Mouche

(Al público) Permanecimos largo rato en silencio. Lloramos y nuestras lágrimas se entremezclaron.

> *(Las puertas se abren bruscamente. Entra una avalancha de niños con orejas de burro.*
> *Gritan:* ¡Harru, Harru!)

Heine
(Martirizado) ¡Cierra las puertas! *(Hace por levantarse, cae al suelo)*

Mathilde
(Llega, lo ve tendido en el suelo) ¡Ah!, ¿te has levantado de la cama?

Mouche
No sé cómo, de repente se ha caído, no he podido sostenerlo con mis débiles brazos.

Mathilde
(Levanta a Heine del suelo, lo echa otra vez sobre el colchón) Henri, mi pobre Henri, volverás a levantarte, saldremos, iremos de paseo y nos encontraremos con mucha gente y nos echarán los piropos más bonitos porque llevo puesto el sombrero nuevo.

Heine
¿Que tienes un sombrero nuevo?

Mathilde
Sí, te quedarás maravillado y te pondrás a aplaudir.

Mouche
¡No le torture de esa manera! ¡Ya sabe que él no puede ver!

Mathilde
(Amenazante) ¿Ah, sí? ¿Y cómo se le ocurre decir eso?

Mouche
Lo único que hace es negar su terrible estado. Al verle a mí se me saltan las lágrimas.

Mathilde

a Heine: ¡Qué haces tú venga a hablar horas y horas con este zorrón! Es tan simple que yo no podría estar hablando con ella más de diez minutos seguidos.

Heine

Hablamos de mi vida.

Mathilde

En la ciudad ya se la sabe todo el mundo.

Heine

Me escucha.

Mouche

Y lo entiendo todo.

Mathilde

¡Pero si es un saco de huesos, Henri! ¡Tienes suerte de no verla! *(Sale furiosa)*

Heine

Debes ser indulgente con ella.

Mouche

La entiendo muy bien. está tan desesperada que no sabe qué hacer.

Heine

Mathilde no se desespera. Tiene suerte: el negro le queda bien. Me alegro, llevará el luto mucho tiempo y me estará agradecida.

Mouche

Dice cosas muy duras de Madame Heine.

Heine
¡Nada de eso! ¡Se equivoca! ¡Y no se le ocurra ir diciendo por ahí que poco antes de morir dije nada malo de mi gordi, de Mathilde! ¡Se lo prohibo!

Mouche
Es una lástima que otros sí lo hagan.

Heine
Lo que usted debe decir es que yo he sido un gran hombre, un hombre estupendo.

Mouche
¡Pero usted lo es!

Heine
Ahora ya está en la obligación de hacerlo, porque hace poco leí mi esquela en un periódico alemán, y ya sabe, del muerto, todo son alabanzas. Así que soy uno de los pocos que pueden disfrutar de este privilegio en vida.

Mouche
Me siento tan triste...

Heine
A lo largo de mi vida, por desgracia, yo he entendido y he usado este principio: de los vivos sólo hay que hablar mal. Qué frivolidad. ¿Me perdonará Börne, hombre tan recto de moral y que sin embargo ahora yace en su tumba? ¿Y mis profesores de Göttingen, y mis primos de Hamburgo, y el rey de Baviera en su beata simpleza, y los ateos alemanes? ¡Ay, cuántos enemigos me he granjeado!

Mouche
¡Se está alterando! ¡Tranquilícese, por favor!

Heine
Dime, mosquita... *(Silencio.)*. ¿Sigues ahí todavía? *(Se levanta el párpado con la mano)*

Mouche
Sí, aquí sigo.

Heine
¿Crees tú que al menos el dios de los cristianos me perdonará?

Mouche
¡Claro!

Heine
¡He ido diciendo cosas muy malas de él! Seguro que se le han quedado grabadas, porque yo era muy brillante y tenía más gracia que Hegel. Pero cómo iba a hacerlo, él ya no puede perdonarme, al fin y al cabo yo anuncié su muerte! El viejo Dios judío, que a veces veo ahí sentado en un rincón del cuarto y al que he tendido alguna vez las manos... el Dios de Abraham... algo que los publicistas ilustrados me toman a mal, conmigo no se toma ninguna molestia, a pesar de que yo escribí la historia del Rabino de Bacherach en su honor. ¿La conoce?

Mouche
¡Por desgracia interrumpí la lectura en plena historia!

Heine
Posiblemente eso le haya enojado.

(Largo silencio)

Heine
(En voz baja)
Ya viene Tánatos, el cruel
a lomos de negro corcel.
Ya oigo los cascos al galopar,
negro jinete, me viene a buscar.

(Largo silencio)

Heine
¿Me oyes, mosquita?

Mouche
Sí, aquí sigo.

Heine
Me duele tanto... La morfina ya no me hace nada.

(Silencio)

Heine
Tienes que volver mañana, quiero contarte la verdad sobre Heinrich Heine. Quiero...

(De repente se oye un sonido monótono. Heine se levanta sin esfuerzo de su lecho, tieso como una vela. Se tapa los ojos con ambas manos. Va andando hacia atrás de cara al público hacia el fondo, donde se abre una puerta de un golpe. Cruza la puerta andando de espaldas y la puerta se cierra sin hacer ruido.

Mouche permanece inmóvil un momento, luego

sale por un lateral.

De repente se abren todas las puertas y vemos un paisaje nevado a lo largo de todo el escenario, muy brillante)

FIN

TOLLER

Todos los personajes, excepto Toller, Leviné, Landauer, el doctor Lipp, Mühsam, Gandorfer, Paulukum, Reichert, son interpretados por unos veinte actores, de modo que cada uno de estos actores adopta varios papeles: estudiantes, miembros de la guardia roja, un aristócrata, Gradl, Resl, Walter, trabajadores, generales, testigos de la defensa, etc.

Sin decorado.

Todas las escenas irán enlazadas unas a otras; algunas deben poder representarse de manera simultánea. Todo ello como si se tratara de un musical. Varios escenarios: abajo el escenario principal, por encima de él una especie de galería; a derecha e izquierda, algo elevados, pequeños escenarios laterales.
Iluminación como de circo: focos dirigidos a las superficies en las que se esté actuando en cada caso.

Abajo llegan los miembros del Consejo Central provisional, entre ellos: Erich Mühsam, escritor de baja estatura algo inquieto; el doctor Lipp, caballero con cuidado atuendo y una barba a lo Enrique IV; Gustav Landauer, hombre alto con un abrigo pasado de moda y cabeza de Jesucristo; Paulukum, campesino de Silesia; Gandorfer, miembro del Consejo de Campesinos, ataviado con la indumentaria típica de Baviera; Reichert, miembro del Consejo de Soldados, antiguo camarero; Maenner, empleado de banca de baja estatura.

Presidente
(Con una lista) Presentes: Erich Mühsam, anarquista; Gustav Landauer, anarquista; Reichert, del Consejo de Obreros y Soldados; Gandorfer, de la Liga Agraria; Toller...

Mühsam
(Interrumpe gritando) ¡Toller aún no ha llegado!

Presidente
Doctor Lipp, de los independientes; Maenner, independiente; Sontheimer, independiente; camaradas Schmidt y Schiefer, representantes de los sindicatos.

Reichert
¿Y los comunistas?

Doctor Lipp
Ahora sí tenemos motivos para dudar que vayan a colaborar.

145

Landauer
  ¡Amigos, empecemos ya!

Reichert
  ¿Sin los comunistas? ¡Se va a liar una buena!

Mühsam
  Vendrán en cuanto vean que la cosa se pone seria.

Doctor Lipp
  Caballeros, ¿conoce alguno de ustedes a ese tal Leviné?

Sindicalista
  Es un Lenin en pequeño. Viene directamente de Berlín, con experiencia en Rusia.

Gandorfer
  ¡Pero no en Baviera!

Landauer
  (Al sindicalista) En primer lugar propongo declarar a todos los presentes como asamblea constituyente.

Sindicalista
  Entonces eso significa que el gobierno anterior queda destituido.

Paulukum
  Querrás decir que se han ido a la chitacallando.

Doctor Lipp
  Según dicen, el ilustre Presidente se ha llevado hasta la llave del aseo del edificio del Parlamento.

Mühsam
Se están cagando encima... de puro miedo.

Sindicalista
Pero, oficialmente, ni el Parlamento ni el Presidente han presentado la dimisión. Según la ley, si nosotros proclamamos ahora la República de Consejos, estamos cometiendo alta traición.

Mühsam
¡Por supuesto! ¡Qué si no!

Landauer
¡Y a Dios gracias! Señores, una revolución es un acto creador que comienza por la liquidación de todo lo anterior. Al menos eso deberían saberlo los socialdemócratas que hay entre ustedes. Al constituirnos rompemos toda relación con el reaccionario gobierno socialdemócrata de Berlín.

Presidente
¿Qué posibilidades tiene la propuesta de Landauer?

Doctor Lipp
Que se sepa, ninguno de los aquí presentes sigue siendo partidario del sistema parlamentario y de la democracia formal.

Reichert
¡Y las masas obreras menos todavía!

Mühsam
(Se sube a una silla) ¡Pueblo de Baviera!

Reichert
    ¡Calma, Mühsam! ¡Todavía no ha llegado el momento!

Mühsam
    (Lee un manuscrito en voz alta) "La decisión ya está tomada. Baviera es una República de Consejos. El pueblo trabajador es dueño de su destino. Los trabajadores y campesinos revolucionarios bávaros, no divididos ya por rivalidades partidistas, están de acuerdo en poner fin de ahora en adelante a toda forma de explotación y represión. La dictadura del proletariado, que en Baviera es ya una realidad, aspira a la consecución de una república verdaderamente socialista, en la que todo trabajador sea partícipe de la vida pública y de una economía social-comunista justa. El Parlamento, un vano invento de la época burgués-capitalista ya superada, queda disuelto, y cesado el gabinete nombrado por él".

Paulukum
    Postdata: ¡De una patá en el culo!...

Mühsam
    (Sigue leyendo) "Los Consejos del pueblo trabajador elegirán a hombres de confianza, que habrán de responder ante él y que gozarán, como comisarios del pueblo, de plenos poderes extraordinarios en determinados ámbitos. Se socializará la prensa. Se constituirá con carácter inmediato un ejército rojo, con la misión de defender la República Bávara de Consejos contra los ataques reaccionarios externos e internos. Un tribunal revolucionario perseguirá y castigará de inmediato todo ataque contra la República de Consejos. La República bávara sigue el ejemplo de las repúblicas soviéticas rusa y húngara, estableciendo inmediatamente lazos fraternales con

estos pueblos. Por el contrario, rechaza toda colaboración con el gobierno de Ebert y Noske, que no hace sino perpetuar la maquinaria imperialista-capitalista del antiguo Reich bajo la bandera de una república democrática y socialista. Desde aquí hacemos un llamamiento a los demás pueblos alemanes para que sigan este mismo camino. La República de Consejos de Baviera saluda a todos los trabajadores, donde quiera que..."

Pulukum
¡Mühsam, cuidado, que la silla se tambalea!

Mühsam
¡Como buena Wittelsbach!

(Risas)

"...donde quiera que luchen por la libertad y la justicia, por el socialismo revolucionario, en Württemberg, en la cuenca del Ruhr, en todo el mundo. ¡Viva Baviera libre! ¡Viva la revolución mundial! Munich, 6 de abril de 1919".

Doctor Lipp
(Aplaude) ¡Grandioso! Señor Landauer, habrá intervenido usted en la proclama, ¿no?

Mühsam
(Baja de la silla) ¡Mañana por la mañana estará en todas las columnas publicitarias!

Presidente
Eso, suponiendo que llegamos a un acuerdo, porque Mühsam prefiere subirse a las sillas antes que sentarse a negociar.

Mühsam
¡Es que así veo antes la tierra prometida!

Reichert
Echo en falta en el manifiesto las palabras "lucha de clases".

Mühsam
Landauer estaba en contra.

Landauer
En los últimos años ya se ha vertido suficiente sangre, ¿vamos a empezar otra vez con lo mismo? Nuestra revolución debe ser una revolución del amor.

Reichert
Perfecto... ¡si los capitalistas también nos aman!

Landauer
El impulso revolucionario debe abarcar a todo el país, no sólo a la clase obrera. Debe arrastrarlo todo consigo y crecer por encima de las clases. Si nuestra revolución sólo es superficial, pronto acabará encallando en superficialidades.

Reichert
¡Hombre, Landauer, pon los pies en el suelo!

> (*El viejo portero Gradl aparta la silla sobre la que se ha subido Mühsam*)

Maenner
(*Se dirige inquieto al presidente*) ¿Hay noticias de Würzburg?

Presidente
Nada definitivo, por ahora.

Maenner
¿De Nuremberg tampoco?

Presidente
Hasta ahora sólo se ha unido Augsburg.

Mühsam
(Se entromete) ¡Y toda Rusia! ¡Y toda Hungría! Así que de momento podremos pasar sin Ingolstadt.

Doctor Lipp
(Habla con Gandorfer) Mire, Gandorfer, la fascinación —en realidad poética— que despierta todo ese afán por la reforma del suelo, procede de los Hechos de los Apóstoles.

(Llega Toller soliviantado. Entrega su gorra al portero Gradl, que está de pie junto a la puerta)

Toller
¡Cuélguela!

Gandorfer
(Contento de poderse librar del doctor Lipp) ¡Ya está aquí Toller! ¡Manos a la obra!

Toller
¡Toda la ciudad está en pie! ¡La ciudad entera! Acaban de pararme en la Ludwigstraße, un viejo obrero me ha reconocido, una trabajadora gritó "¡Toller!" y de pronto estaba rodeado de mucha gente, les he dicho que iba de

camino al Palacio de Wittelbach, que íbamos a proclamar la República de Consejos... ¡y me han traído hasta aquí en volandas!

Reichert
Por eso has tardado.

Toller
¿Ya habéis empezado?

Reichert
Sí, por el final. Mühsam acaba de leer la proclama al pueblo. Ahora sólo queda una pequeña cuestión: ¿nos metemos, sí o no?

Presidente
Los comunistas no han venido.

Doctor Lipp
A decir verdad, yo personalmente no echo nada de menos a los comunistas.

Presidente
¡Si tuviéramos contacto con Leviné!

Mühsam
Yo lo he visto, en Berlín.

Sindicalista
¡Pero tenemos que esperar!

Segundo sindicalista
¡Eso desde luego! ¡Insisto!

Mühsam
  ¡Ya estamos! ¡Otra vez los sindicalistas!

Toller
  (Muestra su chaqueta hecha jirones) ¡Mirad esto! ¡Destrozada! ¡Hecha jirones! ¡Como una bandera! ¡De puro entusiasmo! ¡Así es como reacciona la masa ante nuestra República de Consejos!

Reichert
  Pero no el P.C.

Toller
  ¡Trabajadores! ¡Eran trabajadores! ¡Lo que nos empuja ahora es el enorme poder de las masas! ¡Ahora! ¡En este preciso momento! ¡Y si dudamos, puede devorarnos inmediatamente!

Landauer
  (Mira a Toller entusiasmado) ¡Sí, Toller, sí!

Doctor Lipp
  Ya se han repartido los cargos y hemos podido pasar perfectamente sin los comunistas.

Reichert
  ¿Y qué pasa con el ejército?

Mühsam
  Las armas disparan siempre a la izquierda, así que necesitamos a alguien que no tenga a nadie más a su izquierda.

Toller
  ¡Un socialdemócrata de ninguna de las maneras!

Reichert
    ¿Constituir un ejército rojo sin comunistas? Será una broma, ¿no?

Mühsam
    ¡Si el P.C. no colabora, te nombramos a ti, Reichert! ¡Tú sí que valdrías!

Doctor Lipp
    (Esperando que se le ofrezca el cargo) Y para Exteriores...

Mühsam
    Un hombre que tenga buena fama en el extranjero, en Rusia, en Hungría... y entre los socialistas franceses. *(Mira triunfante alrededor)* ¿Quién?

Reichert
    No será Mühsam, ¿no?

Mühsam
    Yo propongo al camarada Mühsam, de los anarquistas.

        (Risas. El doctor Lipp se da la vuelta enojado)

Landauer
    ¡Erich de diplomático!

Toller
    Contigo, Mühsam... va a haber problemas con las potencias occidentales.

Maenner
    ¿Y quién podría ser si no?

Toller
Yo voto a favor del doctor Lipp.

Reichert
(De pie junto a Lipp, enfadado) ¿Lipp? ¿Y quién es ése?

Toller
En más de una ocasión hemos discutido él y yo sobre cuestiones ideológicas, y el doctor Lipp me ha parecido siempre un hombre de mente clara e ideas bien definidas.

Doctor Lipp
Sus halagos me llenan de satisfacción, Ernst Toller, ¡muchísimo!

Reichert
¿Qué credenciales puedes aportar?

Doctor Lipp
Podría hacer referencia a mi dilatada experiencia en el Ministerio de Asuntos Exteriores en Roma, a mi profundo conocimiento de la diplomacia francesa...

Reichert
¡Quiero decir en política!

Doctor Lipp
Contacto con los socialistas rusos desde la Conferencia de Zimmerwald, durante la cual conocí personalmente a Radek; relación con el comisario del pueblo Tschitscherin... Y en lo que atañe a mi persona: por supuesto me sitúo total y absolutamente en línea con el pensamiento soviético de los consejos.

Reichert

(Se retira) Ese tipo me resulta demasiado engolado.

Toller

Hacienda: Sylvio Gesell; representante: Maenner. ¿De acuerdo?

Maenner

Sí, yo soy del ramo de la banca.

Toller

¿Qué más queda pendiente?

Mühsam

Educación.

Gandorfer

Las escuelas rurales... mal panorama.

Landauer

Y hay que revolucionar las universidades, acabar con el monopolio burgués de la educación. Nuestros estudiantes son reaccionarios, lógico, siendo hijos de padres reaccionarios.

Toller

Gustav Landauer, me gustaría verle como maestro de todo el pueblo.

Mühsam

¡De acuerdo! ¿Votos en contra?

Gandorfer

Sí, si se me permite decir algo... Listo sí es, de eso no

cabe duda. Y lo de la educación lo lleva en la sangre, como quien dice. Pero no sé si llegas al pueblo, quiero decir, si tienes el instinto necesario para hacerlo *(a Landauer)* si no te habrás distanciado ya mucho del pueblo con tanto escribir! Ya sabes que yo aprecio tus libros, he leído ése que habla de la revolución espiritual y todo eso, está muy bien pensado, pero ya sabes, la gente...

Mühsam
Pues entonces te ponemos un adorno de pelo de gamuza, Gustav.

Gandorfer
Dejadme terminar: hay algo más en tu contra, para el cargo, me refiero. No me entiendas mal, Landauer, tú sabes que no tengo nada en contra de los judíos, pero tú lo eres y eso no lo puedes disimular. Ya sabes, la gente de campo...

Mühsam
¿Qué os parece?

(Silencio)

Gandorfer
Yo simplemente quería decirlo.

Toller
¿Y Transporte y Comunicaciones?

Maenner
Paulukum.

Doctor Lipp
(Con sorna) Es que tiene relaciones con ese ámbito... como peón caminero.

Reichert
   (Que lo ha oído) ¿Tiene algo en contra de los obreros?

Landauer
   Ya va siendo hora de que empecemos.

>   *(Todos salen por detrás.*
>   *Por derecha, izquierda y luego por abajo entran trabajadores, trabajadoras y gente joven. Pancartas, banderas rojas. Grotescos fantoches exageradamente grandes, como los de desfiles de carnaval, llevados sobre la cabeza y formando un pelotón, con sombreros y portafolios en los que pone: "Parlamento", un general, con la bocaza abierta y cubierto de condecoraciones; una representación alegórica de la burguesía portando un saco de dinero)*

Alguien
   ¡No dejéis que os representen unos charlatanes!

Todos
   ¡Pleno poder a los Consejos!

Los jóvenes trabajadores
   (Junto con los fantoches del Parlamento animan a la multitud a unirse a ellos en un coro hablado) ¡No dejéis que os representen unos charlatanes! ¡Pleno poder a los Consejos!

Todos
   (A coro)
   ¡Pleno poder a los Consejos!
   ¡Pleno poder a los Consejos!
   ¡Pleno poder a los Consejos!

(Cuelgan los fantoches del "Parlamento" de una cuerda y los elevan. Quedan colgando arriba. Gritos de júbilo, aplausos)

El fantoche burguesía
(bajo el que se esconde un joven, va de un lado a otro implorando) ¡Por favor, camaradas, señores, les estoy brindando mi apoyo financiero! ¡Por favor! ¡Tomen! ¡Mis dólares!

Un agitador
De tu pobreza se valen los ricos,
¡No te vendas! ¡Hazlos añicos!

(Atan a la "Burguesía" de una cuerda y la elevan a media altura. Gritos de júbilo, aplausos)

El joven
(Que estaba bajo el fantoche grita) ¡Mis dólares! ¡Mis dólares!

(Abre el saco de dinero)

Otro joven
(Sacude el contenido del saco, grita) ¡Son piedras! ¡Piedras!

(Abucheos. Risas)

Coro hablado
(Dirigido por el joven)
¡Que no se escape! ¡Hacedle añicos!
¡Que no se escape! ¡Hacedle añicos!

(Jóvenes y trabajadores recogen las piedras y las lanzan contra el fantoche que cuelga a media altura y se bambolea pendiente de la cuerda. Luego es izado hasta arriba, donde queda colgando)

Un joven
(Que ha ayudado a llevar y erigir al general, grita) ¡Atención! ¡El general! ¡El devoragranadas! *(Le introduce unos cuantos petardos por la bocaza)* ¡Lectura de órdenes!

(Todos se ponen a cubierto. El "General", solo en medio del escenario, comienza a echar humo y explota. Se desploma. La multitud estalla en júbilo, aplaude, se pone en formación y se va.
A la derecha: Toller, Landauer)

Landauer
En aquella ocasión –fue durante un largo paseo, lo recuerdo perfectamente– me dijo usted que no era la belleza lo que le movía, sino la necesidad. ¡Qué gran palabra! ¿Y ahora no quiere hacer frente a lo que es necesario?

Toller
¡Presidente! ¡Yo, presidente! ¡Yo!

Landauer
Usted es joven, para mucha gente simboliza esas nuevas ideas...

Toller
He escrito una obra de teatro... algunos poemas, nada más...

Landauer
¡Pero con ellos ha movido a la gente! ¡Ha influido en ellos, los ha transformado! ¿Es que va a ponerse ahora delante de ellos y decirles que en realidad no era ésa su intención? ¿Que sólo era un truco de magia, que han picado en el anzuelo?

Toller
Es muy distinto ser escritor y...

Doctor Lipp
(Se ha unido a ellos) En su calidad de presidente del Partido Socialista Independiente Alemán está usted sin duda predestinado para este cargo, ¿quién si no?

Toller
Aquí de lo que se trata es de problemas muy reales, ¡no lo olvidéis! ¡Para eso hace falta experiencia! ¡Yo todo eso lo veo perfectamente! Por ejemplo: hay que negociar de inmediato con los comunistas... y tal vez no resulte fácil.

Doctor Lipp
¡Pero usted puede hacerlo!

Toller
Y acto seguido establecer contactos con Rusia. Y con Berlín. ¡Antes de que las potencias occidentales presionen a Ebert! ¡Como es natural, también planearán alguna acción, lógico! Y después...

Doctor Lipp
¡Baviera, Estado libre! Sólo con que Inglaterra o Italia nos reconozcan podremos evitar fácilmente, por vía diplomática, una intervención militar por parte de Berlín.

Toller

¡No lo sé! ¡No lo sé! Necesitamos al Ejército Rojo, tenemos que armar a los trabajadores... y la nueva organización de las fábricas, el abastecimiento de víveres, ¿qué pasa con todo eso? Las zonas del interior no pueden dejarnos en la estacada, tenemos que ganar a los campesinos para nuestra causa. Hay que mandar a algunos de los nuestros a los pueblos para que expliquen a los campesinos lo que queremos conseguir, nuestro programa de acción.

Landauer

Ya está metido en todo el meollo, Toller.

> *(Arriba y a la izquierda ha entrado cada vez más gente. Civiles. Trabajadores con brazales rojos. Miembros de la guardia roja)*

Un actor viejo

(Grita desde arriba) ¡Toller! ¡El poeta Ernst Toller! ¡El autor de* La transformación! *"Tal vez crucificado se redima"...*

> *(Abajo llegan trabajadores, llenando el escenario)*

Toller

(A Landauer) ¡No podemos seguir ocupándonos de problemas estéticos! ¡Tenemos que actuar! ¡Ya no nos queda tiempo! ¡Ni un momento!

Coro hablado

(Arriba) ¡Toller! ¡Toller! ¡Toller! ¡Toller!

El actor viejo

(Arriba grita) ¡Luchemos por un nuevo teatro! ¡Un tea-

tro revolucionario! ¡Fuera la comedia burguesa! ¡Piezas de cemento, como rascacielos! ¡De fuego y cemento!

Una anciana
(A la izquierda) ¡El primer Jesucristo socialista!

Coro hablado
¡Toller! ¡Toller! ¡Toller!

Toller
(A la multitud) Amigos, compañeros: los políticos realistas dicen que lo que pretendemos hacer no es realista, que no es más que una locura. Que el mundo que nosotros nos imaginamos no existe. Que siempre habrá guerras y explotación y miseria. ¡Mirad quién dice esas cosas! Su política realista les ha llevado a la guerra y la han perdido. ¡Y locos e ilusos como Kurt Eisner son quienes han pactado la paz! ¡Y fueron también los políticos realistas los que mataron a Eisner! Ahora nos toca a nosotros... ¿acaso somos unos ilusos? ¡No sabremos tanto como ellos de tácticas diplomáticas ni de cómo sacar tajada de las crisis económicas, pero tenemos una gran arma, un arma insuperable: nuestro deseo, nuestra fe y nuestro proyecto de un mundo en el que ya no haya explotación del hombre por el hombre!

(Aplauso. Alguien comienza a entonar la Internacional)

Todos
(Cantan)
Arriba, parias de la tierra.
En pie, famélica legión.
Atruena la razón en marcha,
es el fin de la opresión.

El pasado hay que hacer añicos,
legión esclava en pie a vencer,
el mundo va a cambiar de base,
los nada de hoy todo han de ser.

Agrupémonos todos
en la lucha final.
El género humano
es la Internacional.

> *(A la izquierda. Cuarto de Olga. Olga y Toller están en la cama)*

Olga

Ha llamado Klingelhöfer esta mañana.

Toller

¿Para preguntar por qué no estuve en la reunión del comité? No pude ir.

Olga

Por Leviné.

Toller

Leviné, Leviné... me duele mucho el pie.

Olga

El P.C. se ha reunido esta noche en asamblea.

Toller

Sí, ¡los rusos! ¡Esos lo saben todo! Se han reunido y han dicho: lo sabemos todo, y luego lo han sometido a votación.

Olga

Al parecer también asistió Eglhofer. Otro que tampoco se puede decir que sea tu amigo.

Toller

Y Leviné ha proclamado: ¡Camaradas, en Rusia lo hemos hecho así y asá! Como ya hizo Lenin en su gran controversia con los sociorrevolucionarios... ¡Me aburre!

Olga

En cualquier caso, Leviné sabe lo que quiere. El P.C. ha empezado a elegir consejos en las fábricas.

Toller

¡Olga!

Olga

Y en la cuestión de la huelga...

Toller

¿Tu marido también te llamaba siempre Olga?

Olga

¡Le parecía un nombre horroroso!

Toller

(Irónico) Será que no entendía tu alma rusa.

Olga

¡Él no entendía nada!

Toller

¿Puedes traerme la chaqueta, por favor?

Olga

(*Va por la chaqueta*) Hay papeles dentro.

Toller

¿Cartas de amor?

Olga

(*Irónica*) ¿Quieres que te las guarde?

Toller

(*Toma los papeles*) Proyecto para surtir de electricidad a toda la Tierra. "En Rusia nos dimos cuenta sobre todo del problema de la electricidad", Leviné.

Olga

También dice cosas más serias.

(*Pausa*)

Sólo se me ocurre una situación en la que podría romper contigo.

Toller

(*Elude la pregunta, divertido*) ¿Cómo? ¿Qué? ¿Cómo?

Olga

Si traicionaras la idea de la revolución.

Toller

(*Afectado y molesto*) ¡Pero Hedwig! ¡Nosotros hemos hecho la revolución! ¡Y es por lo que vivimos!

Olga

(*Cambiando de tono, de pronto como niña bien*) Quiero decir, cuando te pones en plan "¡uy!" como ahora, por ejemplo.

Toller

(*Divertido*) ¡Hedwig!

Olga

Oye, menos guasa.

Toller

¡Tú, terrorista!

Olga

No se puede pensar una cosa y hacer otra. Hoy habla mucha gente de socialismo, por cierto: hasta mi familia de Wuppertal... ¡ésos los que más! ¡Mi tío incluso ha fundado hogares de acogida para niños, para hijos de trabajadores! "Para que puedan salir del ambiente proletario". Así luego puede explotarlos y ellos encima le estarán agradecidos.

Toller

Y yo, Ernst Toller, presidente del Consejo Central de la República Soviética de Baviera, resulta que me pongo en plan "¡uy!".

Olga

(*Tierna*) ¡Eres tremendo!

Toller

¿Estuviste en el Matthäser cuando habló Leviné? En seguida podías darte cuenta de cómo se esfuerza por contactar con la gente. Y precisamente por eso desconfía la gente. Siempre piensas: tiene razón, y sin embargo sabes que miente. Ese es el ambiente que se respira en la sala. No llega a la gente.

Olga

(*Irónica*) ¡Es que no es un poeta!

Toller

(*Serio, sin seguirle el juego*) Pero como este movimiento siga creciendo así, acabará por arrollarnos y no podremos controlarlo, "¡Ya podemos hablar y gritar, que ellos no nos escuchan!". Queremos liberar a la humanidad y con ello vamos a desatar también su lado perverso. Vamos a coronar a unos asesinos.

Olga

Por primera vez en la historia, el hombre tiene ahora la oportunidad de ser bueno.

Toller

Eso dice Landauer.

Olga

Tú también lo has dicho alguna vez.

Toller

Tal vez sólo haya un momento en el que somos libres: cuando se derroca el viejo orden y aún no se ha asentado uno nuevo. Sólo entonces... pobres locos: nos esforzamos desesperadamente por hacer que dure mil años.

Olga

Siglo XIX. Bakunin, Estado y anarquía.

Toller

¡Simplemente tienes fe! ¡Con tu camisola de trabajadora!

Olga
El marxismo no es una religión, sino un hallazgo científico.

Toller
(La besa) ¡Uy!

Olga
Disculpa si yo también me pongo doctrinaria a veces.

Toller
¿Sabes dónde estuve ayer?

Olga
Sí, en el Jardín Inglés. Donde los monópteros. Te vio Gandorfer.

Toller
Escucha esto.

Olga
¿Es sobre la electricidad?

Toller
Sí. *(Le lee el manuscrito)*
"Asesináis por la humanidad,
igual que los fanáticos por su Estado.
Y algunos llegaron a pensar
que redimirían la Tierra
mediante su Estado, su patria.
Al que mataba por el Estado
lo llamáis verdugo,
y al que mata por la humanidad
lo coronáis!"

(A la derecha. Escena de "Hombre–Masa". Una jaula, dentro de la cual se encuentra Toller, en cuclillas, caracterizado de "Mujer". El Sin-nombre haciendo de coro hablado)

El sin-nombre
¿Curado de su locura? ¿Se desvanece la ilusión?

La mujer
¿Tú? ¿Quién te envía?

El sin-nombre
La masa.

La mujer
¿No me han olvidado?

El sin-nombre
Mi misión es liberarte.

La mujer
¡Liberar! ¡Vivir! ¿Es que vamos a huir? ¿Ya está todo preparado?

El sin-nombre
He chantajeado a dos de los guardias y al tercero, el que vigila la entrada, lo mataré.

La mujer
¿Harás eso... por mí?

El sin-nombre
Por la causa...

La mujer
No tengo ningún derecho a estar viva a costa de la muerte del guardia.

El sin-nombre
¡La masa también tiene derecho a tenerte!

La mujer
¿Y el derecho del guardia? Un guardia también es un ser humano.

El sin-nombre
Aún no existe "el ser humano".
¡Hombres-masa aquí!,
¡Hombres-Estado allá!

La mujer
El hombre está desnudo.

El sin-nombre
La masa es sagrada.

La mujer
La masa no es sagrada.
La violencia creó la masa.
La injusticia de la propiedad creó la masa.
La masa es un impulso de la necesidad.
es venganza cruel,
es un esclavo ciego.

El sin-nombre
¡Date prisa!
Sólo nos quedan unos minutos.

La mujer
    No eres liberación,
    no eres redención,
    pero yo sé quién eres.
    "¡Matas!" ¡Siempre matas!
    La única vía de salvación: ¡"Muerte", "Exterminio"!

El sin-nombre
    ¡Los generales asesinos luchan por el Estado!

La mujer
    Ellos creen en su misión, igual que tú.

El sin-nombre
    Ellos luchaban por el Estado opresor,
    nosotros luchamos por la humanidad.

La mujer
    Asesináis por la humanidad,
    igual que ellos, fanáticos, por su Estado.
    Y algunos llegaron a pensar
    que redimirían la Tierra
    mediante su Estado, su patria.
    No veo ninguna diferencia.
    Al que mataba por el Estado
    lo llamáis verdugo,
    y al que mata por la humanidad
    lo coronáis!"
    Habláis de una violencia buena y sagrada.

El sin-nombre
    ¡Échale la culpa a los demás, a la vida!

        (Abajo. El público burgués del teatro aplaude.

Arriba. Una delegación comunista: tres trabajadores, de pie, muy juntos unos de otros)

Delegado

(Lee una hoja) Nosotros, los comunistas, somos los únicos representantes legítimos de la clase obrera y nos negamos a formar parte de un gobierno en el que los socialdemócratas conserven puestos de importancia. La socialdemocracia perdió ya su honor y su nombre al comenzar la guerra, cuando aprobó los préstamos para llevar a cabo la guerra imperialista. No podemos hacer causa común con un partido en el que milita el ministro prusiano de defensa Noske, que ha mandado al ejército contra los trabajadores, con un partido que, junto con el gobierno del Reich, actúa contra la izquierda radical. Por lo demás, no consideramos que haya llegado aún el momento de proclamar una República Soviética en Baviera. El poder del proletariado no está aún lo bastante consolidado, las masas no están suficientemente informadas de su situación.

(A la izquierda)

Toller

(Solo, furioso) ¡Salga a la calle! ¿Es que no ve lo que está ocurriendo?

(Arriba)

Delegado

(Sigue leyendo sin inmutarse) La precipitación con que se ha preparado esta República de Consejos y la impaciencia con que la esperaban ciertos círculos, sobre todo entre los socialdemócratas, nos hacen sospechar que querían

proclamarla prematuramente y sin la adhesión del proletariado, para así hacerla fracasar con más facilidad.

(A la izquierda)

Toller
¡Dónde está Leviné! ¡Quiero hablar con él! *Sale.*

(Arriba)

Delegado
(Sigue leyendo sin inmutarse) Por lo tanto, nosotros los comunistas, en interés de los trabajadores, nos negamos a participar en un gobierno cuyo mando no esté en nuestras manos. *Salen los delegados.*

(Entre tanto ha entrado gente abajo, fiesta anarquista en una mansión)

Una señora mayor confusa
(A un estudiante de barba negra) Pero, por favor, en casa extraña...

El de la barba negra
¡Ya no hay casas extrañas, señora mía!

Una muchacha del atuendo típico ruso
(Reparte caviar con una cucharilla) ¿Quién quiere?

La joven señora de la casa
¡Sírvanse! ¡Todo el mundo debe participar de los bienes de la Tierra!

Un señor
(Comiendo) ¿Cómo ha podido conseguir este manjar?

Escritor
Es que la industria sigue teniendo buenas relaciones con Rusia.

Un catedrático
Mejores que las del proletariado.

Franz
(Un joven obrero que en ocasiones reacciona testarudamente)
En casa mi madre siempre decía que si uno come carne se le caen los dientes, porque nunca había carne para comer.

El de la barba negra
¡Cómo se acuerda de mamá, criatura!

La señora confusa
¡Pues a mí me parece muy simpático!

El de la barba negra
(Le grita a la señora confusa al oído, como si estuviera sorda)
¡Atavismo! ¡Tonterías!

Franz
Mi padre era un trabajador. Y yo soy también un trabajador.

Un joven pálido
(Irónico) ¡Bravo!

El viejo catedrático
(Al de la barba negra) Pero su anarquismo es muy distinto del de nuestro ilustre Gustav Landauer, si me permite decirlo...

El joven pálido
 ¡Y tanto!

El de la barba negra
 ¡Esperemos que así sea! La mezcla de anarquismo y clasicismo a lo Goethe es de lo más repulsivo.

El viejo catedrático
 (Al joven pálido) ¿Y quién es su modelo... porque tendrá alguno, no?

El joven pálido
 Gengis Kan, señor catedrático.

El viejo catedrático
 (Quiere hacer reír a los invitados) ¡Escuchen todos: les presento al nuevo Gengis Kan!

El de la barba negra
 (De buenas a primeras, al catedrático) ¡Vete a casa! ¡Lárgate!

Un señor pedante
 Pero no olvidemos que se trata de estructuras sociales.

El escritor
 grita: ¡Violencia! ¡La fórmula mágica de la revolución!

La muchacha del atuendo típico ruso
 ¡Pues ahora le voy a callar yo la boca!

> *(Intenta darle una cucharada de caviar, pero el joven pálido le ha quitado la cucharilla y el plato de las manos y los sostiene en alto)*

El joven pálido
    ¿Qué vale?

La señora confusa
    Dios mío, es caviar auténtico... desde el final de la guerra no he comido más que bacalao.

El escritor
    300 el cuarto de kilo, más o menos.

El señor pedante
    ¡Se referirá usted a marcos alemanes! ¡Pues por lo menos seis veces más!

La señora de la casa
    ¡Bah, qué más da lo que cueste! ¡Qué más da!

El joven pálido
    ¡Mil marcos!

La señora confusa
    ¿Se mantiene usted mismo?

El joven pálido
    Esto son cuatro meses de duro trabajo para un obrero de la Krauss-Maffei. ¡Ven, Franz!

    (Franz se adelanta)

La creencia en que el nivel adquisitivo de una clase es índice de su relevancia social sigue siendo un prejuicio burgués de los proletarios. En tanto el proletariado no sea consciente y no supere este prejuicio, no estará capacitado para la revolución.

Escritor
    ¡Ahí queda eso!

El joven pálido
    Franz es un trabajador, ¿qué ganas a la semana, Franz?

Franz
    Ahora, 50.

El joven pálido
    50. Trabajadores, proletarios, condenados por la burguesía a ser siempre pobres, honrados, decentes y miserables, por educación y origen. Pero ahora, ¡atención! *(Agarra a Franz del tobillo izquierdo, le levanta la pierna y le estampa una cucharada de caviar en la suela del zapato)* ¡Venga! ¡Anda por la alfombra! ¡Restriega la porquería!

>   *(Le da un empujón, Franz salta primero con la pierna derecha, para no pisar el suelo con la sucia, luego anda con ambos pies sobre la alfombra. Por un momento los demás se quedan sorprendidos. Alguien ha puesto un disco de foxtrott, todos van detrás de Franz, en grotesca procesión.*
>   *Arriba. Landauer pronuncia un discurso en la universidad. A la izquierda, estudiantes, y abajo, más tarde, también)*

Landauer
Ahora vienen algunos de ustedes y pretenden meternos a todos en el mismo saco. Una República de Consejos, dicen, no puede ser otra cosa que un invento sacado de los manuales del marxismo. Y que debemos agradecer su proclamación al mecanismo de la historia que descubrió –más aún: ideó– Marx. ¡No! Nuestro socialismo,

que quede bien claro, no depende de una forma de la técnica ni de la satisfacción de unas necesidades. El socialismo, tal como nosotros lo entendemos, es posible en todas las épocas, si lo quiere un número suficiente de personas. Esto va por los marxistas... veo ahí unos cuantos. No conocemos ningún proceso que lo provoque, ni sabemos que tal ley natural tenga que cumplirse obligatoriamente. Para nosotros la historia de la humanidad no se compone de procesos anónimos o de la mera acumulación de muchas pequeñas acciones y omisiones de las masas. Para nosotros los verdaderos artífices de la Historia son personas, y para nosotros también hay culpables. No conoce bien a los apóstoles de la humanidad quien cree que la fe en el cumplimiento es parte de sus acciones. ¡En lo que creen es en la verdad sagrada y en la desesperación de los hombres y en la sensación de imposibilidad! Lo que ha habido de grande, de transformador y de renovador en la humanidad, ha sido lo imposible y lo increíble. Lo que ha traído el cambio ha sido precisamente lo lógico. Pero el marxismo es el filisteo que nos recuerda siempre las derrotas, lleno de sarcasmo y triunfalismo. No hay nada contra lo que muestre más su desprecio que contra aquello que llama experimento o instituciones abortadas. Lo que la burguesía de este país ha hecho con los estudiantes alemanes...

Abucheo
¡Alemanes decentes!

Landauer
...es lo que ha hecho el marxismo con amplios sectores del proletariado: gentecilla cobarde y sin juventud, sin arrojo...

Abucheo
 ¡La batalla de Langemarck!

Landauer
 ...sin sectarismos ni herejías, sin originalidad ni segregación.

(Protestas)

¡Déjenme hablar! ¡No tienen por qué defender a los marxistas! Mejor le iría al socialismo y a nuestro pueblo si en vez de ese despropósito sistemático, que los marxistas llamáis vuestra ciencia, tuviéramos las tonterías ocurrentes de los irascibles y esos que se salen de sus casillas a los que vosotros no podéis ni ver. Sí, señores, queremos realizar lo que vosotros llamáis experimentos, queremos intentarlo, queremos crear de todo corazón, y por último, y si no queda más remedio, queremos naufragar hasta que consigamos la victoria y tengamos tierra a la vista.

Abucheo
 ¡La tierra prometida del judío!

(Risas. Landauer recoge su manuscrito y sale. Abajo. Los estudiantes se han puesto narices de judío y remedan a judíos con ademanes y movimientos cómicamente exagerados. Lanzan a uno de ellos por los aires, luego lo tienden sobre el suelo y lo rocían de cerveza)

Estudiante primero
 ¡La cebolla es el alimento del judío!

Estudiante segundo
 Y Natán se la guisa a su albedrío.

Estudiante primero
   Y esa nariz grandiosa,
   ...¿no parece otra cosa?

Uno
   (Lamentándose) ¡Ay, Moisés, Moisés!
   ¡Me cago en los calzonés!

Estudiante primero
   Silencio, se oye a alguien entrar...

Todos
   (A voz en grito) Tralarí, tralará...

Estudiante primero
   ...Landauer, el judío, será.

Todos
   Tralarí, tralará...

Estudiante segundo
   Cerdo él no catará.

Todos
   (A voz en grito) ¡El cerdo semita!

Algunos
   ¡Hablando del rey de Roma
   por la puerta asoma!

Otro
   Y el pequeño Mühsam dice con voz potente...
   ...por doquier

Todos
 ...¡nuestra gente!

Un estudiante
 ¡Y el pequeño Toller-Cohn
 ya se ve cual redentor!

El estudiante
 (Pateando contra el suelo) ¡Ay, Moisés, Moisés!
 ¡Me cago en los calzonés!

Uno
 (Hace recuento de los estudiantes que saltan e imitan el acento judío)
 David, Hannoch, Lewien, Cohn,
 Abraham, Isaac, Jakobsohn,
 los Nierenstein y Ohrenschmalz.

Uno
 (A voz en cuello) ¡Que viva la cerveza!

Todos
 Los Jeiteles y Pleiteles,
 los Teideles y Schneiteles.

Estudiante segundo
 ¡Aarón huele a violeta,
 y a la pobre Sara apesta!

El estudiante tendido sobre el suelo
 ¡Ay, Moisés, Moisés!
 ¡Me cago en los calzonés!

Estudiante primero
 (Reza)

¡Así como en Sodoma y Gomorra,
que a los que van de gorra
del cielo les llueva
caliente manteca,
y el judío israelita
que se cueza en la salsita!
(Rocían de cerveza al estudiante tendido sobre el suelo)
Amén.

El estudiante tendido sobre el suelo
(Lamentándose) ¡Ay, Moisés, Moisés!

(Sacan a rastras al que está tendido en el suelo. A la derecha. Restaurante chino. Landauer, el doctor Lipp, Mühsam, Toller, Olga)

Mühsam

Sí que es raro: que tengamos que ser judíos los que pongamos al día a los bávaros: uno, dos, tres... ¡y un antisemita!

Doctor Lipp

(Se defiende) ¡Eso ni en broma! Entiendo profundamente la agudeza intelectual del pueblo judío.

Landauer

En el socialismo ya no existirá el problema judío, claro está.

Toller

En casa, cuando vivíamos en Posen, los pequeños burgueses alemanes y judíos eran los defensores de la cultura alemana. Los alemanes y judíos vitoreaban al káiser Guillermo. Los polacos eran el Caín que había dado muerte a Abel.

Olga
De todas formas, no se puede hablar de una raza judía en este sentido. En eso al menos estaremos de acuerdo.

Mühsam
(A Olga burlándose) Pero sí te habrás dado cuenta de una pequeña diferencia.

Doctor Lipp
(Ofendido) ¡Por favor, camarada Mühsam!

Landauer
(Lee un manuscrito que tiene entre las manos) Ha visto el mundo como sólo lo ve un poeta...

Mühsam
¡Cambiemos de tema!

Landauer
...y eso significa: sin una ideología. ¡Ni como filósofo, ni como historiador, ni mucho menos como moralista! Shakespeare es como la naturaleza misma: anarquista. Su fuerza y su seguridad no las halla en un sistema, sino en una variedad de imágenes y figuras. ¿Por dónde podemos pillarle? ¿Dónde habla a título personal?

Mühsam
(Con el menú, en voz baja) ¿Qué es Fing-shu-ming?

Doctor Lipp
Con "colmenillas".

Mühsam
Pues tampoco queda.

Landauer
¿En los locos insondables? ¿Próspero? ¿O el conservador Coriolano? Mire, la naturaleza proteica del gran poeta: pone todo su énfasis en mostrar la forma de pensar y de sentir de una persona, le da forma como si él mismo estuviera en su piel, y acto seguido se cuela en otro personaje y se funde con él de forma inseparable. Y es que los poetas son volubles ideológicamente, y los más grandes, más aún.

Mühsam
(A Toller) Bueno, ¿y tú, poeta?

Toller
(La pregunta le incomoda) ¿Yo?

Mühsam
¡Estamos hablando de Shakespeare!

Olga
También hay suficientes ejemplos de lo contrario: autores comprometidos moral y políticamente...

Doctor Lipp
¡Chateaubriand!

Mühsam
(Ensimismado) ¡Con espárragos!

Doctor Lipp
(Sonríe a Toller) ¡Y nuestro Toller!

Mühsam
(A Toller) Si escribieras una obra de revolucionarios, por ejemplo...

Doctor Lipp
   ¡Sí, debería hacerlo sin falta!

Olga
   ¡Hay que tener la actitud adecuada, si no, no se puede escribir nada decente!

Landauer
   ¿No está usted simplificando un poco las cosas?

Olga
   Hoy por hoy no podemos permitirnos ser volubles.

Landauer
   (Irónico) ¡Como Shakespeare!

Olga
   ¡Sí, como Shakespeare! ¡Tenemos que decidirnos! ¡Hoy día la literatura... es partidista... o bien se queda en mera palabrería sin trascendencia!

Toller
   Como artista debo entender también el punto de vista contrario.

Olga
   ¿Y también a Ludendorff?

Toller
   También.

Mühsam
   A mí me resulta muy comprensible, ¡el alemán valiente y aguerrido!

Olga
   (Vocalizando mucho) ¡Pues a mí no!

Mühsam
   ¿Ah, no?

Toller
   Ella tiene dos oficiales de alta graduación en su familia.

Mühsam
   ¡Ah!

Toller
   (Tratando de apaciguar los ánimos) Uno se vuelve especialmente susceptible con los pecados de su propia clase.

Landauer
   Olga... por desgracia no es del Volga.

Toller
   Lo ideal es... cuando la vida y las ideas de una persona son una misma cosa. Pero para eso hay que dejar el mundo burgués.

Olga
   ¡No hace falta que me defiendas!

Mühsam
   ¡Pero si lo hace de buen grado, Hedwig!

Landauer
   (Sonriente a Olga) ¡No te enfades!

Mühsam
   La chica del cuartel turco...

Toller
  ¡Déjalo ya...!

Mühsam
  Toller ha recogido a una en el cuartel turco. Se la habían tirado treinta soldados de infantería, de modo que la pobre mujer estaba ya sin fuerzas. Nuestro buen samaritano la acompaña a la comisaría, la deja plantá en un banco de la calle para ir a buscar al camarada médico y cuando llega con el médico...

Toller
  (Con intención de defenderse) ¡Sí, ya lo sé, fue muy ingenuo por mi parte!

Mühsam
  ...resulta que ella se había largado con un poli.

Olga
  Desmoralizada por la guerra y el militarismo.

Toller
  (Asiente con la cabeza) A la gente hay que decirle constantemente que es infeliz... no malvada. Endurecida a cuenta de la guerra y la explotación y la suciedad.

Mühsam
  (Para enfadar a Olga) ¿Sabes, Hedwig? La redención de la humanidad es el viejo truco de los judíos.

Olga
  ¡Judíos!

Toller
  ¿Y Leviné? ¿También es judío?

Mühsam
Como el que más. Su mujer es hija de rabino.

Olga
¿Y qué si lo es? Sois el pueblo más vanidoso que existe... ¿es que no sabéis hablar más que de vosotros mismos?

> *(Abajo se han reunido algunos civiles. De pronto uno lanza una piedra contra el restaurante. Landauer, Mühsam, el doctor Lipp, Toller y Olga se van.*
>
> *A la izquierda. El antiguo administrador de la "Residenz", Gradl, sentado en un banco)*

Gradl
El camión llevaba seis días aparcado justo delante de la residencia oficial. En reiteradas ocasiones rogué a los conductores, que andaban por allí cerca, los rojos, que tuvieran la bondad de marcharse de allí. Pero ni se inmutaron. Se quedaron sentados, sin más. Luego fui a ver al señor Consejero Hogläuer, que estaba todavía en posesión del cargo, y le dije: "Señor Consejero, quisiera pedirle que ordenara retirar el camión... es por los cadáveres: llevan ya unos días allí, va para seis días, y ya están empezando a heder". A lo que el Consejero me respondió que él no podía hacerlo, porque los rojos no acataban sus órdenes y que más fácil me resultaría a mí, que conocía a la gente y que tenía autoridad sobre ellos como administrador del Palacio. Así se expresó. Y aunque ellos me llamaran portero yo no era el portero. En el Palacio jamás hubo un portero. De la parte trasera del camión sobresalía una pierna, apuntando hacia arriba, con un zapato de charol. Le dije que no me costaría

mucho conseguirlo si pudiera darles cigarrillos a los conductores, a lo que el consejero respondió: "Pues déles cigarrillos". "No puedo, señor Consejero", le dije yo, "no tengo, pero sé dónde podría conseguirlos. Sólo que son muy caros". Entonces respondió rápidamente el señor Consejero: "Gradl, usted consiga los cigarrillos, que ya corro yo con los gastos. Lo importante es que desaparezcan los muertos". Por la noche los rojos se subieron al camión y despojaron de ropa y zapatos a algunos de los muertos. Me dirigí al jefe de la guarnición roja porque sabía que él tenía cigarrillos. Le pedí una caja de 100 y le pregunté qué costaban. "Veinte marcos", dijo el jefe de la guarnición. Luego volví a hablar con el Consejero, le transmití lo que aquél me había dicho y acto seguido me dio los veinte marcos. Con ellos en el bolsillo volví de nuevo al jefe de guarnición, que me dio los cigarrillos así como un recibo por valor de veinte marcos. Entonces me fui con la caja adonde estaban los conductores y les dije que si se llevaban los muertos al cementerio del Este les daría cien cigarrillos. "Primero queremos verlos", dijeron los conductores, "sólo creemos lo que vemos". Entonces les enseñé los cigarrillos. Y vaya si funcionó, visto y no visto. Querían que les diera la caja entera ya mismo, pero yo les dije que les daba la mitad, es decir, cincuenta, en ese momento y la otra mitad a la vuelta, después de hecho el trabajo. Y entonces se marcharon. Después llamé al director del cementerio, al que conozco de hace tiempo, de cuando la guerra, porque él es quien tiene que abrir el portón, ya que si no descargan los cadáveres en medio de la calle. Dieron muestras de tener tan poco respeto a la muerte, que simplemente subieron la compuerta trasera e inclinaron el volquete, de manera que los cadáveres se fueran deslizando hacia abajo. Al marcharse, el camión aplastó una cabeza y enganchó entre las ruedas un brazo, que quedó colgando hasta que se arrancó. Después me pidieron los cigarrillos, se los di y me dijeron que si alguna vez tenía que hacer algún porte, ellos estarían dispuestos. Sólo quiero saber una cosa: si se le han devuelto al señor Consejero los veinte marcos que adelantó... porque orden, lo que se dice "orden" como el de antes, ya no hay.

(A la derecha. Un cabaret en Schwabing)

Presentador
(Caracterizado de Toller, en tono de cabaret, con un halo de hojalata en la cabeza) ¡Oh, hombre! "¡Hermanos de destino!" *(Salta hacia abajo)* ¡Me aprieta algo! *(Se echa mano a la cabeza, haciendo como si no notara el halo)* ¡Ah, pues no! Ya estaba pensando que llevaba puesto el casco. ¡Nada! ¡No más guerras! ¡Nos quedamos en nuestra querida patria! *(Canta)*
En el prado yo tengo una becerra,
que el ojo-ojo-ojo abre y cierra.
Y detrás de la becerra un guarrete
no hace más que mirarle en el ojete.
¡Bien, señoras y señores, camaradoskis, el programa continúa! Alemania está liberada, las masas obreras y yo hemos puesto las cosas en su sitio. "Por favor", acaban de decir dos caballeros lamentándose, "sólo queríamos vuestro bien". "¡Ya lo sabemos!", han dicho los trabajadores, "pero eso es justo lo que no os vamos a dar!" A los señores en cuestión ya los conocen ustedes... los peces gordos.

(A la derecha. Iluminado por un foco, "Noske")

¿No reconocen... esa voz?

("Noske" da órdenes sin articular)

Tienen toda la razón, le han reconocido: ¡es el ministro de defensa alemán, "Noske"! Y ese caballero tan elegante...

(A la derecha Ebert sobre una mariquita gigante)

"Ebert"
Dígame una cosa, Noske...

"Noske"
¡A sus órdenes, señor Presidente!

Presentador, "Ebert" y "Noske"
(Cantan)
¡Sí, señor!, caballeros.
Qué placer nos da escuchar:
¡Sí, señor!, ¡Sí, señor!, ¡Sí, señor!

Presentador
¡Sí, señor!, lo han adivinado: es Ebert en persona, el Presidente del Reich. Gracias a nuestra revolución, gracias a nuestro camarada Toller, el poeta de la humanidad –*con modestia exagerada*– no, por favor, no aplaudan– estos dos caballeros no se sienten ya a gusto en nuestro mundo, ¡Nooo!, dice Ebert, ¡Nooo...!

"Ebert"
(En dialecto berlinés exageradamente marcado) Me largo. Necesito unas vacaciones como Dios manda.

"Noske"
¿Pero no con el coche oficial, supongo?

"Ebert"

¡Por favor, no difame el nombre del Presidente! Si viajo, lo hago sólo en beneficio de todo el pueblo alemán.

"Noske"

¡Pues el pueblo alemán te estará muy agradecido, Ebert!

"Ebert"

Eso siempre.

"Noske"

Sobre todo por la partida. ¿Y adónde se supone que vas? ¿A Baviera?

"Ebert"

¡Nooo! ¡A descansar! Baviera me resulta demasiado fatigosa. La cosa está cada vez más exaltada[10].

"Noske"

Pero la cosa ya no va pa' largo.

"Ebert"

De todas formas. No puedo esperar tanto. Me han recetado gotas Hoffmann, en Bamberg, pero no me hacen ná. Sigo teniendo los pies fríos.

"Noske"

¿Pero tú adónde quieres ir?

"Ebert"

A donde no haya Consejos de trabajadores ni de soldados.

---

10. Hay en el original un juego de palabras: "fatigosa" y "exaltada" se corresponden en el texto original con los nombres de "Mühsam" y "Toller", respectivamente.

"Noske"
¡Ajá! A escalar el "Jungfrau".

Presentador
(Rápidamente) Y...

Presentador, "Ebert" y "Noske"
(Balanceándose y cantando)
Pasé unos días en Suiza de descanso,
un paisaje y un lugar con mucho encanto:
y es que en la cima del Jungfrau estás tan bien
que ya no quieres nunca descender.

"Ebert"
Noo. Para eso sigo un par de kilómetros más y me voy a la Luna.

> *("Noske" hace señas a los bastidores. Aparece, como flotando, una segunda mariquita gigante, sobre la que se sienta "Noske")*

"Noske"
¡Pues entonces deja que vaya contigo, Ebert!

"Ebert"
Noo, ahí arriba no me va a hacer falta un ministro de defensa.

"Noske"
¡Bueno, quién sabe! Yo tengo informaciones...

"Ebert"
¿Qué tipo de informaciones?

"Noske"
¿No te has enterado? Toller ha dicho que quiere alcanzar las estrellas.

"Ebert"
(Aliviado) ¡Ah, bueno! ¡Ése es un poeta, Noske! ¡No tiés que tomarlo al pie de la letra!

(Sale como flotando, seguido de Noske)

Presentador, "Ebert" y "Noske"
(Cantan)
Desde Hamburgo a Kiel
no cuesta mucho ir
en un automovíl.

(Abajo. Palacio de Wittelsbach. Toller. Leviné)

Toller
¡No sea usted dogmático, Leviné! Estoy contento de que por fin haya venido. ¡Hablemos de todo! No debemos forzar este movimiento hacia un sistema rígido. Hay nuevas ideas, nuevos impulsos.

Leviné
¿Me responderá a unas preguntas?

Toller
No tengo secretos, ni con usted, ni con nadie.

Leviné
Usted siempre habla del ejército rojo. ¿Por qué rojo?

Toller
Ya... ¡un ejército rojo sin comunistas! ¿Pero quién tiene

la culpa de eso? ¡Es a ustedes a quienes debería incomodar esa pregunta!

Leviné
¿A nosotros?

Toller
Tenemos el respaldo de todo el proletariado. ¡Y sin embargo ustedes siguen en sus trece, saboteando todo lo que hacemos!

Leviné
Las razones ya las conoce por la "Bandera Roja".

Toller
En la última asamblea planteé las mismas reivindicaciones que ustedes, ¿no lo sabía?

Leviné
Por supuesto que sí.

Toller
¡Y además conseguí imponerlas! ¡En contra de los socialistas! ¡Y luego van ustedes, precisamente ustedes, y nos dejan en la estacada! ¿Qué más quieren, si puede saberse?

(Pausa)

Leviné
Ayer vino a verme un amigo suyo con una propuesta muy interesante, quiero decir, interesante por cuanto es típica de su situación, Toller.

Toller
¿Quién? ¿Qué?

Leviné

Un amigo político, Mühsam.

Toller

(Trata de disimular su sorpresa) Ah... sí.

Leviné

Me propuso que nosotros, los comunistas, detuviéramos por sorpresa a todos los miembros del gobierno bávaro para así acabar con la República de Consejos, incluso al mismo Mühsam. ¿Es que no le sorprende todo esto?

Toller

¡Es típico de Mühsam!

Leviné

¡Luego, según propone Mühsam, deberíamos hacer de una vez lo que hay que hacer... y rápido!

Toller

Bueno, ¿sabe usted?, Mühsam...

Leviné

Aparte ya del señor Mühsam... eso mismo se nos podría haber ocurrido a nosotros, ¿no cree?

Toller

(Ahora muy seguro) ¿A ustedes, los de la cúpula? ¡Me parece que exagera usted su popularidad, Leviné!

Leviné

Pero claro, tendría que estar usted de acuerdo.

Toller

(Irónico, muy seguro de sus posiciones) ¡Ah! ¿Y eso es a lo que está esperando, a que yo colabore? ¿Por eso ha venido?

Leviné

Le he dicho a Mühsam...

Toller

¡Ya está bien de especulaciones, Leviné! ¡Discutamos razonablemente!

(Pausa)

Leviné

¿Ha desarmado a la burguesía?

Toller

Ya se han dado los avisos. Tendremos las armas en 24 horas.

Leviné

¿Se ha expropiado ya a los terratenientes?

Toller

Estamos esperando un informe de Gandorfer al respecto.

Leviné

Gandorfer ha declarado que los terrenos de hasta mil jornales no podrán ser expropiados.

Toller

No sé cuánto terreno necesita un campesino para poder vivir.

Leviné

Por si le interesa: Gandorfer posee justamente mil jornales.

Toller

(Encendido) ¡Nosotros apoyamos a Gandorfer incondicionalmente!

Leviné

¿Se han estatalizado los periódicos?

Toller

No podrán aparecer artículos difamatorios contra nosotros, única y exclusivamente en su "Bandera Roja", en ese caso seremos tolerantes hasta el propio sacrificio.

Leviné

¿Y en Bogenhausen y Solln... ha sacado a la burguesía de sus mansiones? ¿Han ocupado las casas los trabajadores?

Toller

El camarada Hagemeister es quien se encarga de las cuestiones de vivienda. La comisión lleva trabajando desde ayer.

Leviné

¿Han cogido rehenes burgueses?

Toller

¡Rehenes, no! ¡Nada de rehenes! Que no nos echen en cara... ¡no!

Leviné

¿Ha suprimido el secreto bancario?

Toller
    No.

Leviné
    ¿Ha ordenado que se bloqueen las cuentas privadas?

Toller
    El sistema de Sylvio Gesell prevé un ordenamiento radicalmente nuevo de la economía.

        (No entiende lo que está diciendo)

    Pero nos proponemos la conversión a la moneda absoluta.

Leviné
    Los pequeños ahorradores se están poniendo más que nerviosos por su política económica.

Toller
    Sí, por desgracia, se ha extendido el rumor de que nos apropiaríamos de sus cuentas corrientes.

Leviné
    ¿Y por qué no se informa a la población?

Toller
    En eso estamos. Hemos mandado a unas cuantas personas a los bancos.

Leviné
    ¿Se ha doblado el salario de los obreros no cualificados y de los campesinos?

Toller

¡Eso sería demasiado simplista! ¡Por supuesto que crearemos un nuevo sistema salarial... Leviné, ¡usted es político de profesión, yo no! ¡Y no tengo la menor ambición de serlo! Me han puesto aquí porque se me necesitaba... los trabajadores necesitaban un líder, por eso estoy aquí. ¡Usted tiene la experiencia revolucionaria! Y por ese motivo necesitamos su colaboración.

Leviné

(Ha sacado un papelito del bolsillo) ¿Me permite que le lea esto? Es un telegrama de su doctor Lipp.

Toller

¿A Lenin?

Leviné

De la estación de radiotelegrafía, una copia.

Toller

¿Así que nos espía?

Leviné

Contiene íntegramente su programa de gobierno, señor Toller... formulado por su comisario popular de Asuntos Exteriores, el doctor Lipp.

Toller

¿Lipp? ¿Qué ha...?

Leviné

(Lee en voz alta) "Proletariado de Baviera del Sur felizmente unido. Socialistas, independientes y comunistas, unidos como una piña con la Liga Agraria". ¡Una inter-

pretación más que optimista de la situación! "Bamberg, sede del tránsfuga Hoffmann, que se ha llevado la llave del aseo del Ministerio". Estoy leyendo lo que pone. "La política, cuyo peón es Hoffmann, se propone separarnos del norte y al mismo tiempo hacernos pasar por sanguinarios ante la Entente, cuando lo cierto es que Noske tiene sus manazas peludas bañadas en sangre. Italia nos proporciona víveres en grandes cantidades. Queremos la paz para siempre, Emanuel Kant, *De la paz perpetua*, 1795, Tesis dos a cinco".

Toller

(*Le arrebata el papel de las manos*) ¿A quién se supone que ha escrito esto Lipp?

Leviné

¡Oh, perdón! Está dirigida al camarada Papa, Iglesia de San Pedro, Roma.

> (*Toller sale rápidamente. Luego Leviné.*
> *A la derecha, Mühsam al piano. A la izquierda, público sentado a una mesa*)

Mühsam

(*Toca una cadencia*) El limpiafarolas... dedicada a la socialdemocracia alemana.

> (*Risas*)

Había una vez un revolucionario,
que limpiaba farolas.
Marchaba a paso de revolucionario
junto con los revolucionarios.

Y grita: ¡Hago la revolución!

la gorra de revolucionario
a la izquierda ladeó
para así parecer feroz.
Pero los revolucionarios desfilaban
por las calles y avenidas
por las que él otras veces
limpiaba feliz las farolas.

Arrancaron las farolas de la calle,
las sacaron del suelo
para hacer barricadas

Pero nuestro revolucionario gritó:
Yo soy el limpiador
de esta buena farola
¡No le hagáis nada, por favor!

Si la luz les quitamos
nada verán los ciudadanos
¡Dejad las farolas en pie, os ruego!
¡Porque si no, yo ya no juego!

Un trabajador mayor
(Tomando una cerveza sentado a una mesa, se levanta) ¡Tú tampoco eres más que un limpiafarolas, Mühsam! ¡Y luego soy yo el que paga el pato, tonto de mí! ¡Luego soy yo el imbécil!

Mühsam
¡Yo he estado más veces que tú en la cárcel, camarada!

Un hombre con sombrero típico bávaro
¡Pero vosotros no tenéis absolutamente nada en perspectiva, con tanto afán de hacer feliz a la humanidad!

¡Lo único que pasa es que estáis descontentos con la situación que tenemos! Pero no tenéis nada más en perspectiva, absolutamente nada.

Un hombre menudo y delgado
¡Nada constructivo!

Un hombre malhumorado
¡Silencio! ¡Que siga la música!

Un hombre calvo
¡Pero esto al menos es una señal de que el hombre empieza, de que reflexiona! ¡De que al menos sabe de qué va el juego!

Un hombre dándose ínfulas
¡Los americanos no lo van a consentir! ¡Os lo digo yo! ¡Ellos han invertido sus dólares! *(Rodea a la camarera con el brazo)* Qué, Anni, ¿qué te parece si socializamos el seno materno?

La camarera
(Apartándolo) ¡Aquí no se socializa nada!

(Risas)

Mühsam
(Sigue tocando y cantando)
Pero los revolucionarios con sus risas
hicieron las farolas trizas
y el limpiafarolas marchó con duelo
y llorando sin consuelo.

Después en casa escribió
un libro de erudición,

de cómo hacer revolución
sin salir de la habitación.

(Arriba. Palacio de Wittesbach. El doctor Lipp, Toller, Olga, Landauer)

Doctor Lipp
¡Pero señor Presidente! ¡Había que informar al Papa!

Toller
(Le entrega un papelito) ¡Esto no puede haberlo escrito usted!

Olga
¿Cómo es Leviné, como persona?

Landauer
¡Esperemos que no se haya dejado embaucar!

Doctor Lipp
(Después de leer el papel) Me alivia constatar que estas son mis palabras textuales.

Mühsam
(Se les ha unido entretanto) ¡Así que ya podemos contar con la bendición papal!

Toller
(A Mühsam, con dureza) ¡No hagas chistes fáciles! ¡No quiero cuentas contigo! ¡Eres un cerdo! ¡Lo más sucio, falso y miserable! ¡Un canalla sin principios!

Landauer
¡Pero Toller!

Toller
Nos ha vendido al P.C.

Mühsam
De vender, nada: era una oferta gratuita, ¡y ni regalados nos querían!

Toller
¡Qué traición más rastrera, más mezquina y más cobarde! ¿Cómo quedo yo? Intento ganarme a Leviné y me dice con una sonrisita: Mühsam ha venido a verme, su amigo Mühsam, ¡*mi* amigo Mühsam!

Doctor Lipp
No sé exactamente de lo que estáis hablando...

Toller
¡El P.C. iba a detenernos a todos!

Mühsam
¡Me pareció que la idea tenía gracia!

Toller
¡Gracia! Coges y nos entregas a nuestro verdugo, nuestras ideas, nuestro movimiento, todo en lo que creemos... ¡y encima te parece gracioso!

Mühsam
(Sin perder la calma) La idea es lo que me parece gracioso, no eso.

Toller
(Cada vez más furioso) ¡Si esa idea te hace tanta gracia, entonces también te parecerá graciosa la traición!

Doctor Lipp
A ver, ¿cuál es el problema?

Landauer
Tengo que romper una lanza en favor de Erich. Ya conocemos sus ideas, siempre tienen cierto contenido.

Olga
(Mordaz) El término "contenido" no es marxista.

Landauer
Entonces voy a tener que aprenderme primero su terminología.

Doctor Lipp
¿Cuál es el problema?

Olga
¡No es una cuestión de terminología, sino de conciencia!

Toller
¡Vendido por mis propios amigos! ¡Confío en ellos y ellos van y me venden!

Olga
En la ciudad circula el rumor de que los socialistas están planeando un golpe de mano contra nosotros.

Mühsam
Entonces prefiero quedarme al amparo de la izquierda.

Doctor Lipp
¡En cualquier caso, ha sido muy poco diplomático, ya

que nosotros no somos partidarios de la violencia, jamás!

Olga

(A Toller) Creo que, en general, Mühsam valora la situación de forma más realista que tú. Sin los comunistas no hacemos nada.

Toller

(Furioso) ¡Lo que pasa es que tú veneras a esos rusos!

Olga

Para mí lo importante no es el individuo, eso ya deberías saberlo.

Toller

¡Y lo sé! ¡Tampoco te importo yo! ¡A ti no te importa nadie! ¡En cuanto se os deja entrar en política, no hay quien os detenga! ¡A vosotros lo que os gustaría es emprenderla a navajazos!

Olga

¿Qué "vosotros"?

Toller

Los niñatos.

Olga

Bueno, pues ahora sí que me marcho.

Toller

¡Sí, vete! ¡Venga, vete!

(Olga se queda)

Landauer
Amigo mío, si pudiéramos dejar la discusión en lo puramente objetivo...

Toller
Lo puramente objetivo es que Mühsam me ha traicionado, que vosotros, mis amigos, me abandonáis... ¡Los que decían ser mis amigos son unos traidores y unos mentecatos! Y yo tengo que soportar todo eso y mantener el tipo y para lo único que me quedan fuerzas es para echaros a todos, a todos! ¡Y hacer tabula rasa! ¡Largaos! ¡Fuera! ¡Fuera! ¡Fuera! ¡No puedo ni veros! ¡Me dais ganas de vomitar, todos!

Landauer
Lógicamente está usted muy alterado por todo lo ocurrido, querido Toller, le llamaré esta tarde. *(Sale con Mühsam y Olga)*

(Toller, rendido, apoya su rostro contra la pared)

Doctor Lipp
(Después de largo rato) ¡Querido colega, sea razonable!

Toller
Lipp... me duele muchísimo la cabeza, ¡Lipp!

Doctor Lipp
(Extrae un clavel del bolsillo superior de su chaqueta y se lo entrega) Mi secretaria lo ha conseguido a través de su cuñado, que vive en Bolzano. Son muy raros en esta época del año.

Toller
(Ahora ya sereno y controlado) Doctor Lipp, como usted comprenderá, en estas circunstancias... después de todo lo ocurrido con el telegrama, no puede usted seguir en el cargo. Nosotros prepararemos el texto de su dimisión. Espero que para esta tarde haya usted desalojado su oficina.

Doctor Lipp
¿Pero no será por culpa de ese desagradable Mühsam...?

Toller
(Gritándole) ¡Estás para que te encierren!

Doctor Lipp
(Colocándose la solapa de la chaqueta) Hago lo que sea por la revolución.

(Sale.
Abajo. Reparto de armas entre los trabajadores en huelga)

Trabajadores
(Cantan)
Bajo ondeantes banderas rojas,
unidos en cada fábrica,
todos los que queremos y presentimos
los albores de la república de los trabajadores.
No nos arredra la muerte de las legiones rojas,
que mataron los ... de Noske.
marchamos al compás de todos los millones
que en el mundo siguen a Lenin.
¡Arriba Lenin!
Somos la Guardia Roja,
prestos para la lucha,

abriendo paso al proletariado,
en pos del poder y la gloria.
Torturados, esclavizados, ultrajados y vapuleados
penco del capitalismo, el pueblo trabajador,
después de tantos años de hambre y de miseria.
¡Álzate por fin cual león!
¡Echa a los usureros, a los evasores de impuestos,
echa a los fascistas fuera del país!
y erige en campos, fábricas y tumbas
el hogar de los trabajadores libres
¡Álzate!
Ven a la Guardia Roja,
prestos para la lucha final,
el poder de las armas liberó
al proletariado.

(A la derecha, Ebert. A la izquierda, Noske. Hablan por teléfono)

Ebert

Dígame, Noske...

Noske

¿Sí, señor Presidente?

Ebert

Los sucesos de Munich, Noske, me tienen cada vez más preocupado. ¿Qué sugiere usted? ¿Debemos intervenir?

Noske

Hasta ahora el gobierno de Hoffmann no nos ha pedido ayuda.

Ebert

¡Pero no podemos seguir de brazos cruzados, Noske!

Noske

Hoffmann dice que en Munich crece el descontento, y espera que un golpe de mano acabe con esa panda.

Ebert

¿Y si fracasa, Noske?

Noske

Pues entonces lo conseguiremos con el ejército.

Ebert

¿Cuánto tiempo le llevará, más o menos?

Noske

Cinco o seis días.

Ebert

¡Gracias, Noske!

Noske

¡Señor Presidente!

> *(Abajo. Mühsam, en pijama, es llevado a empellones por unos hombres. Se defiende)*

Mühsam

¡Cerdos! sacarle a uno tan temprano de la cama. ¿Vosotros qué sois? ¿Blancos o rojos? Dejadme al menos que me ponga las gafas.

> *(Uno de los hombres se ha quitado el abrigo y se lo echa a Mühsam por los hombros. Lo atan con el abrigo. Mühsam ve entonces que el hombre lleva uniforme de teniente)*

¡Ah, ya! De aquí mismo... ¿os conceden una condecoración por el combate cuerpo a cuerpo? *(Unos ciudadanos lo contemplan sin moverse ni decir palabra)* ¿Adónde vamos? ¿A Bamberg, sin billete? Pero hombre, ¡se me va a caer el pelo! ¡A mí no me va lo ilegal! ¡Son capaces de encerrarme! ¡Por fraude tarifario! ¡No, ni hablar! *(Se deja caer. Le retuercen los brazos hacia atrás y continúan empujándole. Mühsam, de repente con miedo)* No me echaréis al canal, como hicisteis con Rosa, ¿no?

> *(Salen.*
> *Por la derecha llegan trabajadores. Arriba Leviné. Pronuncia un discurso ante la asamblea de los Consejos. Abajo se apiñan los ciudadanos. El escenario se va llenando cada vez más de trabajadores)*

Leviné

¡Con el gobierno de Toller es posible que un puñado de bandidos irrumpa de noche en las casas, saque a la gente a la calle y la lleve a Bamberg detenida! ¡Si los trabajadores no llegan a andarse con ojo, casi habrían conseguido dar un golpe de estado! ¡Bravo, trabajadores de Munich! Esta noche habéis demostrado el sentido de la realidad y la capacidad de actuación que les falta a esos socialistas de tres al cuarto de Schwabing. ¡Esos siguen hablando y gobernando! ¡Esos ni siquiera han oído esta noche el ruido de las botas de los bandidos blancos sobre el pavimento! ¡A lo mejor se han tapado los oídos! ¡Ya se sabe que no les gusta oír esas cosas! ¡Nada de jaleo! ¡Luego, que los comunistas paguen el pato! ¡Ellos siguen cotorreando de paz y filantropía! ¡Y encima afirman, Toller y compañía, que están del lado de los trabajadores! ¿No dicen eso? ¡Sí, claro que sí! ¡Del lado de los trabajadores *que luchan*... aún no tenemos una república soviética asentada y a salvo, tenemos que *luchar* por conseguirla! Los carniceros de Noske están ya a las puertas de Dachau. En los próximos días habrá tiros en Dachau... a mansalva. ¿Y qué ha hecho Toller por la seguridad del proletariado en la ciudad? Ha dado pomposas órdenes, que han hecho reír a la burguesía. La experiencia de la revolución rusa ha demostrado lo importante que es armar en seguida a los trabajadores. Faltan fusiles: yo le he preguntado a Toller cuántos teníamos y él no lo sabía. Por supuesto, la burguesía no ha entregado sus fusiles. ¡A lo mejor es que quieren cazar pájaros! ¿Si no, para qué se los quedan?

(Revuelo entre los trabajadores)

¿Pájaros?

Abucheo
¡Que los entreguen!

Abucheo
¡Comunistas al poder!

Leviné
"¡Que no haya derramamiento de sangre! ¡Por Dios!", grita el sensible estudiante Toller. Su moral le prohibe matar. ¿Qué moral?, habría que preguntarle. ¡Una moral que le dicta no recurrir a las armas contra los asesinos de nuestra revolución! ¿De dónde se ha sacado esa moral? ¿Y quién se lo agradece? ¿Nosotros?

(Revuelo entre los trabajadores)

¡Nosotros no! Recordamos las palabras de nuestro compañero Karl Liebknecht: vuestro honor no es nuestro honor. A nosotros no nos interesa la moral de la burguesía ni la moral del señor Toller. Para nosotros lo moral es lo que sirve a la revolución. A causa de eso estuve yo preso en cárceles zaristas cuando era estudiante. ¡Y nosotros también somos sensibles, señor Toller! ¡Cuando vemos que se explota y oprime a las personas y se las masacra en los campos de batalla por puro afán de lucro! El compañero Toller no puede ver sangre, porque le da asco... ¡peor para él! Porque con su vana palabrería verá la sangre de los trabajadores derramada por las calles de Munich.

Maenner

(A la derecha) ¡Tenemos que negociar con los blancos! ¡Sin falta!

Leviné

¡El señor Maenner propone que negociemos! Toller también propone lo mismo, y nosotros sabemos por qué. Y por eso mismo decimos: no. ¡Somos la vanguardia! Sólo hay que resistir un par de semanas. Los trabajadores rusos también eran la vanguardia, resistieron y se salieron con la suya.

Coro hablado

(Abajo) ¡Co-mu-nistas! ¡Co-mu-nistas!

Leviné

¡Sólo cooperaremos si tenemos el mando! ¡No vamos a consentir que se nos trate como a peleles en una política de sabotaje! Apreciamos demasiado la sangre de los trabajadores como para derramarla por unos cuantos pacifistas recién salidos del cascarón y unas señoras histéricas. ¡Como los señores Toller y compañía!

(Revuelo entre los trabajadores)

Dice que somos sanguinarios. ¿Es que ignora los hechos o es que ahora no quiere saber nada? ¡Compañeros, no somos nosotros los que venimos con cañones y mercenarios para derrotar a otros! ¡No tenemos especial empeño en luchar! Y nadie sería más feliz que nosotros si esos quejicas pacifistas consiguieran mandar a los carniceros de Noske de vuelta a casa. ¡A nosotros que no nos vengan con palabrería! ¡Ahora tenemos otras cosas que hacer!

(Revuelo entre los trabajadores)

Abucheo
(A la derecha) ¡Que hable Toller! ¡Toller!

Voces
(Abajo) ¡Toller!

Leviné
¡Tenéis un gobierno de locos e iluminados! Sueñan con un mundo mejor, pero ahora se les dice: ¡actuad!, y se asustan. Les han despertado y ahora van de un lado a otro atolondrados, levantando las manos para defenderse. Compañeros, en Rusia nos quitamos de en medio rápidamente a estos locos peligrosos.

Reichert
(Arriba) ¡Liquidadlos! ¡Al paredón!

(Revuelo entre los trabajadores)

Abucheo
(A la derecha) ¡No estamos en Rusia!

Leviné

¡Fuera con ellos! ¡Fuera! ¡Antes de que sea demasiado tarde! ¡Y tomaos en serio de una vez lo de armar a los trabajadores! ¡Salid a las calles! ¡Abrid las cajas fuertes y coged lo que necesitéis! Noske ha declarado en Berlín que quiere acabar con los locos de Munich. Ya lo ha hecho en otras ciudades. En Bremen, Berlín y Sajonia ha ordenado fusilar a los trabajadores. Si no queréis acabar igual que ellos, ¡defendéos!

(Arriba. Un miembro de la guardia roja habla con Leviné. Luego sale)

Leviné

Camaradas, me comunican que Toller quería entrar en la sala. He dado orden de que lo detengan, en interés de los trabajadores.

(Gran revuelo. El escenario está ahora repleto de trabajadores)

Leviné

(Se dirige a la sala gritando) ¡La República de Consejos está en manos de los comunistas!

(Tumulto.
A la derecha. Una casa de la alta burguesía. Resl, una chica de servicio, Walter, un trabajador con aspecto de tuberculoso.
Walter va a encender uno de sus cigarrillos)

Resl

(Le enseña una caja de porcelana) No tengas reparos: quédate con una. Esa caja es auténtica porcelana de Meissen.

Walter

En Meissen los compañeros están en huelga.

Resl

Seguro que cuesta trescientos marcos.

Walter

Ya quisiera yo tener ese dinero.

Resl

Sí, aquí hay muchas cosas de valor.

Walter

(Toma uno de los cigarrillos de la caja de porcelana y empieza a fumárselo) Tu trabajo en esta casa es indigno de una persona moderna, Resl.

Resl

No todos los ricos son criminales.

Walter

Excepciones hay siempre.

Resl

Aquí vienen muchos peces gordos, también ingleses.

Walter

Pues que se larguen.

Resl

Los cigarrillos también son suyos.

Walter

¡Que se larguen he dicho!

Resl

Oye, yo sigo siendo creyente.

Walter

Ya de niña te echaron a perder con eso de la confesión.

Resl

Cierto que en el catolicismo hay algunas cosas dudosas, pero también hay muchas que son verdad.

Walter

Es que no has profundizado suficientemente en todo ello.

Resl

¡No digas eso!

Walter

¡O lo has hecho desde el punto de vista erróneo!

Resl

Aquí he escuchado yo conversaciones sobre el tema de la religión, como dijo un catedrático de universidad... ¡estaba sentado ahí mismo, en ese sillón! Dijo: "en su hora postrera, el hombre..."

Walter

Sí, ¿y qué más?

Resl

Nada más.

Walter

¡Nada más! ¡Nada más! ¡Eso no es una argumentación!

Resl

De la forma en que él lo dijo, lo decía todo.

Walter

Tonterías. El hombre es producto de su entorno.

Resl

Pero de todas formas el hombre tiene que morir. Quítate los zapatos, Walter, sin reparos.

Walter

(Enfadado) ¡Sin reparos! *Se quita los zapatos.*

Resl

En cierta manera, esta es mi casa.

Walter

¡No tienes instinto! Tienes el instinto social atrofiado, por tu origen.

Resl

(Se echa sobre el sofá Recamier) La mujer está orientada más hacia lo humano, no hacia lo político.

Walter

Nosotros tenemos otra idea muy distinta acerca de la mujer en el socialismo.

Resl

(Recostada) ¡Ven, siéntate!

Walter

Antes que nada la mujer debe tomar conciencia del papel de esclava que ha tenido. Condición fundamental.

Resl
  Walter, ¿tú has tenido alguna vez una historia con alguna mujer?

Walter
  ¡Pregunta!

Resl
  Me da la impresión de que no tienes experiencia y que esa es la razón de esa inquietud que tratas de esconder.

Walter
  Resl, si no entiendes la disyuntiva política ante la que nos encontramos, desde el punto de vista histórico...

Resl
  ¿Y para vosotros... no existe el amor?

(Walter se le acerca)

Resl
  ¡Ah, pero si no eres de piedra!

Walter
  Tú le seduces a uno sin más, Pola Negri.

Resl
  ¿Quieres otro cigarrillo inglés?

(Walter no contesta)

Resl
  ¡Pero si no se va a dar cuenta, tú sin reparos! *(Le alcanza la caja)*

Walter
   (Le quita la caja) ¡Así no, Resl!

Resl
   ¡Cuidado, la caja!

Walter
   ¿Tienes miedo de que se me rompa?

Resl
   ¡Ponla ahí!

   (Walter sostiene la caja como si quisiera dejarla caer al suelo)

Resl
   ¡Walter! ¡No tengas mala idea!

Walter
   Si ahora tiro la caja al suelo...

Resl
   (Se levanta de un brinco) ¡No lo hagas!

Walter
   ¡Tienes que decidirte! ¡Yo también tuve que hacerlo!

Resl
   (Se cuelga de él) ¡No, Walter! ¡No!

   (Walter suelta la caja, que cae al suelo y se rompe)

Walter
   (Ahora asustado) Bueno, ya ha pasado.

(Resl llora)

Walter

¡No llores! Me estabas provocando.

Resl

Ya verás tú mañana, cuando vuelva la señora...

Walter

Pues tú vas y le dices lo que piensas.

Resl

¿Qué le digo entonces?

Walter

Pues le hablas de mí, le dices que soy del Consejo de Trabajadores y Soldados.

Resl

Eso no hará sino empeorar las cosas.

Walter

¡Pero tú tienes toda la razón!

Resl

No sé... ahora me ha entrado miedo. *(Recoge los añicos)*

Walter

(Se enciende un cigarrillo) ¿Uno a medias?

Resl

Ahora quiero echarme un rato, contigo al lado. Quién sabe qué pasará mañana.

Walter
　Mañana a las ocho iremos a desalojar la Nunciatura.

　　　(Los dos permanecen echados en el Recamier, fumando)

Resl
　Todo se va al garete. Todo.

　　　　　　　　　　　　　(Fuman)

Walter
　No hay por qué tener miedo, Resl.

Resl
　¿Sabes qué?

Walter
　¿Qué?

Resl
　Antes, cuando has tirado la caja al suelo...

Walter
　Sí.

Resl
　Ha sido horrible, demoníaco.

Walter
　¡Ha sido un arrebato!

Resl
　(Acurrucándose contra él) Ahora podría olvidarme de todo, quiero decir, de todo menos de ti.

(Intenta apagar la luz sin levantarse, pero no puede)

Walter

¿Sabes? El problema del amor, cuando uno lo piensa bien...

Resl

toma el cigarrillo: ¡Dame una calada!

Walter

El cristianismo es oriental, originariamente.

Resl

¿Y?

Walter

Siempre se ha considerado a la mujer como propiedad del hombre. La virginidad era por decirlo así el capital que la mujer aportaba al matrimonio.

Resl

Qué raro.

Walter

Han descubierto una tribu en el Océano Índico donde la mujer es propiedad de toda la comunidad...

Resl

¿Y no hay celos?

Walter

Los celos sólo pueden surgir en un sistema basado en la propiedad privada. En Rusia ya se están llevando a cabo experiencias...

Resl
Rusia no me va mucho precisamente.

(Fuman)

Walter
¿Te sabes la Internacional?

Resl
Claro que sí: Arriba parias de la tierra...

Walter
En la lucha final...

(Resl ríe)

Walter
¿De qué te ríes?

Resl
Porque he oído cómo cantaban:
La central de ultramar
suministra luz a Berlín.

Walter
¡Berlineses...!

(A la izquierda. El doctor Lipp en un manicomio)

Doctor Lipp
De las declaraciones de mi partido acerca de la situación política se desprende con total evidencia este trágico destino (Ananke) *"dura necessitas"*: el itinerario forzoso

que los 6000 o 7000 miembros del Partido Socialdemócrata Independiente Alemán obligaron a recorrer a su dirigente, Ernst Toller. Son ciertas las palabras de Leon Gambetta: tengo que cumplir la voluntad de mi partido, porque soy su líder. *Come los excrementos que hay en un orinal.* Yo no quería por nada del mundo que el doctor Leviné estuviera en la combinación de los Consejos, puesto que en seguida me di cuenta de que tras la máscara de demagogo comunista se escondía un brutal dictador. Sin embargo, al confiar ciegamente en los padres de la idea de los Consejos, el acusado Toller perseguía el fantasma de la unión del proletariado, sin ser capaz de ver ni la prematura traición de los socialistas, que estaban en mayoría, ni la despótica dictadura de los comunistas, que desconocen este país. A todo ello hay que añadir la funesta influencia que ejerció el viejo fanático Gustav Landauer, con esa verborrea suya, que hasta a él le embriagaba, sobre el joven escritor Ernst Toller, desinhibido a cuenta del *surmenage intellectuel, sexuel et physique*. Lo irresistible de las ideas revolucionarias rusas estriba en que cuando Mijaíl Bakunin, el príncipe Kropotkin y Leon Tolstoi predican sus propuestas comunistas-anárquicas lo hacen envueltos en el velo y la sotana del profeta y el apóstol. El cristianismo primitivo (Hechos de los Apóstoles, capítulo 4, versículos 32 a 37 y capítulo 5, versículos uno y dos) sigue haciendo sus conquistas en el siglo veinte. Y los que sucumben ante el encanto poético del cristianismo primitivo, radicalmente comunista, son precisamente judíos: Leviné y Toller.

(Abajo. Sótano de la cervecería Matthäser. Toller detenido. Leviné.)

Leviné

Tenemos entendido que usted quería negociar.

Toller

¡Por supuesto que sí! Siempre lo quise.

Leviné

Con los blancos.

Toller

(Furioso) ¿Quién dice eso?

Leviné

Se rumorea.

Toller

¡Infame! ¿Quién se inventa semejantes patrañas? ¡Usted! ¡Sólo usted!

Leviné

Se rumorea entre los trabajadores. Por supuesto, yo no estoy diciendo con ello que usted pretenda salvar el pellejo, ahora que la cosa se pone fea...

Toller

(Mira fijamente a Leviné) ¡Leviné!

Leviné

Eso también se ha dicho.

Toller

¿Quién? ¡Nombres! ¡Quiero nombres!

Leviné

Nosotros hemos pensado que usted ya tendría en mente..., que hallándose en esta situación tan delicada, porque imagino que usted es consciente de lo delicado de su situación...

Toller

¡Por su culpa!

Leviné

...que ya contaría con que nosotros le eximiéramos de sus responsabilidades.

Toller

Me apresan en plena calle, me traen a rastras a este sótano, me encierran... ¡para eximirme de mis responsabilidades!

Leviné

Le va bien el papel de mártir.

(Toller, agitado, va de un lado a otro en silencio)

Leviné

¿No va a escribir una obra de teatro sobre todo esto?

(Toller no contesta)

Leviné

(Se da cuenta de que ha cometido un error, cambia de actitud)
Disculpe, Toller.

(Toller no contesta)

Leviné
Nosotros no queríamos el poder. Ha caído en nuestras manos.

Toller
Detenciones, tribunales, huelga general...

Levinés
(Sin hacer caso de los reproches) Epp está a las puertas de Dachau. En unos días recibirán refuerzos. Si les atacamos *ahora*, tendremos vía libre en el interior, hasta Augsburg e Ingoldstadt, y recuperaremos todo el sur de Baviera.

Toller
¡El ejército rojo! ¡Vaya panda de indisciplinados!

Leviné
Eglhofer tiene ahora el mando.

Toller
¿Eglhofer? Ah, ya.

Leviné
Pero ahí fuera, en el frente, las tropas...

Toller
¡Derramamiento de sangre! ¡Guerra! ¡Otra vez todo eso!

Leviné
Las tropas precisan un líder en Dachau, alguien en quien creer.

Toller
¿En qué cree usted, Leviné? ¡Dígame!

Leviné

(Con sencillez y seguridad) Creo en la victoria del proletariado.

Toller

¿Hoy? ¿Mañana? ¿Cuándo?

Leviné

¿Acepta el puesto?

Toller

¡Eglhofer! ¡Comandante general del ejército rojo! ¡Precisamente él!

Leviné

A propuesta mía.

Toller

¡Cómo va a acabar todo esto! ¡Ya lo estoy viendo! ¡Todo lleva ese camino! ¡Asesinatos! ¡Asesinatos sin sentido!

Levinés

(Sereno) Los blancos llevan organizándolo desde hace algún tiempo.

Toller

(En un arrebato pasional) ¡Me está usted extorsionando! ¡Viene y me pone la pistola en la sien!

Leviné

Pero Toller... ¿de verdad habla en serio? ¡No es mi intención que se sienta usted chantajeado, por mí! ¡Yo creía que teníamos los mismos intereses, que luchábamos por lo mismo! ¡Yo no quiero chantajearle! ¡Por favor! ¡Queda usted libre!

Toller
   ¿Libre?

Leviné
   Puede marcharse. Adonde quiera.

Toller
   (Enérgico) ¡Entonces será mejor que me dispare ahora mismo, no mientras huyo! ¡Ahora! ¡Dispare!

Leviné
   Debería decidirse de una vez a pensar políticamente.

Toller
   ¡Todo lo que he hecho y dicho es político! Por eso ha tenido ese efecto entre las masas.

Leviné
   Quiero decir: pensar de forma comunista.

Toller
   ¡Robespierre!

Leviné
   ¡No tanto!

Toller
   Convocan una huelga general, ¡y luego... siguen y siguen destruyéndolo todo!

Leviné
   (Ahora furioso por la actitud de Toller) ¡Y que lo diga, Toller! Y tanto que queremos "destruir". ¡Del todo! El Estado, esa maquinaria que tanto ha cuidado la burgue-

sía para asegurar así su hegemonía económica. Si permitimos que este Estado se mantenga en su estructura fundamental, si –como usted propugna, Toller– no cambiamos más que un par de leyes, a fin de crear un orden socialista, por así decirlo, en breve volveremos a tener el mismo Estado y el mismo espíritu clasista y la misma burocracia de antes, sólo que refrendada por la palabra "socialista". Y después no tardará en aparecer algún Cesar que prenda fuego a Europa en nombre del "socialismo". Así que no podemos parar de destruir hasta que no hayamos sacado de las cabezas la idea de ese Estado. Es posible que rueden algunas cabezas... ¡Y al parecer eso es lo único que le preocupa, Toller! ¡Lo único!

Toller
Sacrifíquenme a mí, de acuerdo, pero a los demás...

Leviné
Luego construiremos nuestro sistema de soviets. ¡Mire Rusia! Así podrá hacerse una idea de cómo funciona.

Toller
Pero si en Dachau Noske... y nosotros, con un contingente de 10000 hombres...

Leviné
22000.

Toller
22000 mal armados. Nos lo echarán en cara...

Leviné
¿Los tribunales burgueses?

Toller

(Histérico) ¡Yo no soy un traidor!

Leviné

Para nosotros, los comunistas, el crimen no consiste en sacrificar, sino en dudar.

Toller

A lo mejor tenía demasiadas aspiraciones. Tenía la visión de un mundo nuevo...

Leviné

¿Irá usted a Dachau?

Toller

(Tras una pausa) Me siento solidario con los trabajadores.

Leviné

Mejor dicho: ¿irá al frente de Dachau?

Toller

Si no queda más remedio, sucumbiré junto a los trabajadores.

Leviné

Nosotros no queremos sucumbir. Queremos vencer.

Toller

¡Vencer! ¡Esa es la palabra!

Leviné

¿Acepta?

Toller

Y si sale mal...

Leviné
Hay derrotas definitivas, por ejemplo: si ahora capitulamos, sin luchar. Y hay una derrota que no es más que una victoria pospuesta.

(Toller –la idea de una apoteosis heroica le une ahora a Leviné– va hacia Leviné, éste le esquiva, abre la puerta. Toller sale)

Leviné
Teatrero.

(A la izquierda. Toller –América, 1939– lee pasajes de sus memorias a seis señoras ancianas)

Toller
El Ministro de Defensa Eglhofer me transmite la orden de bombardear Dachau con la artillería y tomar la ciudad. Vacilo si cumplir esta orden. Los campesinos de Dachau están de nuestra parte. Tenemos que evitar toda destrucción inútil.
Damos un ultimátum a los blancos: retirada de las tropas blancas hasta más allá de la línea del Danubio, puesta en libertad de los miembros del Comité Central secuestrados, levantamiento del bloqueo sobre Munich. Los blancos mandan como parlamentarios a un teniente y a un miembro del Consejo de Soldados. Nosotros negociamos con el miembro del Consejo de Soldados.
-Camarada, estás luchando contra tus camaradas, obedeces a quienes te han atenazado, quienes te han hecho sufrir, contra quienes te alzaste en noviembre.
-¿Y vosotros?, contesta él. ¿Qué habéis hecho en Munich? Matar y saquear.
-¿Quién dice eso?

-Lo pone en nuestros periódicos.
-¿Quieres convencerte?
El oficial, impaciente y furioso, increpa al soldado:
-¡No respondas! ¡Ni una palabra más!
-Ah, ya estáis otra vez con lo de siempre.
El oficial se pone en pie, sale abriéndose paso. El soldado me dice en voz baja: ¡No dispararemos contra vosotros! A las cuatro de la tarde se oyen disparos. ¿Han roto el pacto los blancos?
Nuestra propia artillería había abierto fuego por orden de un miembro del Consejo de Soldados anónimo.
Soy responsable de la vida de nuestra gente y decido ir en coche a Dachau para esclarecer personalmente lo ocurrido. *(Arriba marchan miembros de la guardia roja)*
De repente el coche es acribillado por fuego de ametralladoras.
-¡Siga la marcha!, le grito al chófer.
Veo avanzar a nuestras tropas en formación dispersa.
-¿Quién ha dado la orden?
-Un mensajero.
¿Qué debo hacer? No puedo dar orden de retirada en medio del combate, ahora hay que apoyar a las tropas que avanzan.
El fuego enemigo arrecia.
Mi grupo vacila, exige apoyo de la artillería, yo me niego a dar esa orden, me adelanto con unos cuantos voluntarios y el resto nos sigue. Conseguimos llegar hasta nuestra infantería, tomamos Dachau.

> *(Toller sale, rodeado de las señoras. Firma autógrafos.*
>
> *Tambores. Abajo entran trabajadores y miembros de la guardia roja con brazales rojos, portando carteles y pancartas. Imágenes de Toller como general*

del ejército "El vencedor de Dachau". "Toller". "¡Augsburgo, Nuremberg, Würzburg rojos!" "¡Ya se ha derramado suficiente sangre obrera!, ¡Camaradas, mañana Baviera será nuestra!"

La asamblea se disuelve. Algunas pancartas quedan en pie.

A la derecha. Eglhofer, comandante general del ejército rojo, vestido con uniforme de la Marina.

Abajo van entrando rehenes)

Eglhofer
¿Nombre?

Prisionero
Príncipe Thurn und Taxis, Gustav Franz Maria. Debe tratarse de una confusión: un primo mío estuvo relacionado con la Sociedad Thule.

Eglhofer
¡Ya hemos eliminado la Thule! ¡Los señores barones! ¡Cueva de antisemitas! *(Dirigiéndose al siguiente prisionero)* ¿Y tú?

Prisionero
Deike.

Eglhofer
¿Profesión?

Deike
Diseñador industrial.

Eglhofer
Así que diseñador... ¡pero de panfletos antisemitas! Esto ya es el colmo.

Deike
　Se lo ruego, yo no tengo nada que ver con eso.

Profesor Berger
　(Queriendo adelantarse) Señor comandante Eglhofer, yo soy judío.

Eglhofer
　(Con un repentino ataque de cólera) ¡El muy cobarde! ¡Será cobarde! *(Dirigiéndose a un miembro de la guardia roja)* ¿Pero tú has oído? ¡Toller, que ahora coge y se planta, en Dachau! ¡Que no se responsabiliza! ¡Ése es tu "vencedor de Dachau"! ¡Han nombrado comandante a una marioneta! ¡Con su pañuelo de seda al cuello! ¡Una marioneta con estudios! ¡Le voy a enseñar yo a ése y luego ya estudiará, el muy cobarde! *(Al último prisionero de la fila, que lleva un pañuelo al cuello)* ¿Tú? *(Baja)*

El prisionero
　(Muy informal) Barón von Teuchert de Regensburg.

Eglhofer
　(Le arranca el pañuelo bruscamente) ¡Fuera ese pañuelo, señor barón! *(Mirando a la condesa)* ¿Y la señora? *(La condesa vacila en su respuesta)*

El prisionero situado a la derecha de la condesa
　(Con rapidez) Barón, Barón von Seidlitz.

La condesa
　(Se arma de valor y dice) Condesa Westarp.

Eglhofer
　¡Otra de la Thule!

Profesor Berger
   (Dominando apenas su nerviosismo) Profesor Berger, pintor de la Academia.

Eglhofer
   ¡Pues allí ya ha hecho todo lo que tenía que hacer!

Prisionero situado junto al profesor Berger
   Yo no soy más que mozo de estación. Y ayer lo único que hice fue ir con mi carrito, como casualmente estaba lloviendo, pues entonces yo...

Eglhofer
   (Al siguiente) ¿Nombre?

Profesor Berger
   (Se adelanta) Señor Comandante Eglhofer, permítame que le pregunte sobre el motivo de mi detención. Mi...

Eglhofer
   ¿Nombre? ¡Le he hecho una pregunta!

Soldado
   (Cuadrándose) Cabo Linnenbrügger.

Eglhofer
   (Dirigiéndose al segundo prisionero de uniforme) ¿Nombre?

Segundo soldado
   (Cuadrándose) Cabo Hindorf.

Eglhofer
   (Tras una pausa) En su momento yo estuve en Kiel, cuando el motín. ¡Cómo nos sublevamos! Nos subleva-

mos contra los señores oficiales. ¡Los oficiales, no son más que una panda de criminales! ¡Habría que eliminarlos! Después, como era de rigor, nos tocó formar en el patio a todos los que quedábamos. Entonces el comandante dio la orden de firmes, y nos pusimos firmes. Uno de cada siete será fusilado, dijo. Dio la orden de numerarse. Y yo pensaba: seguro que el número siete es el que está a mi lado, el de Mecklenburgo, que era un crío. Pero el siete era yo. El de Mecklenburgo se cagó encima. *Al cabo:* Y ahora pensarás: ¡ojalá se hubieran cargado a Eglhofer!

El cabo
No.

Eglhofer
¡No mientas, hombre! ¡Vuestro militarismo está ya en las últimas! ¡Ahora nos toca a nosotros! ¡para siempre! *(Dirigiéndose al centinela)* ¡Al Luitpold con ellos! ¡Al sótano!

> *(El centinela se lleva a los prisioneros.*
> *Arriba. Los generales Möhl, Oven y el coronel Epp)*

Oven
Coronel Epp, usted asegurará el frente sur. El general Siebert, el frente oriental. El Freikorps de Görlitz avanzará desde Dachau por Moosach hasta la Estación Central. La división Friedeburg tomará Nymphenburg y ocupará las zonas militares cercanas al campo de maniobras de Oberwieserfeld.

Möhl
Desde la orilla oriental del Isar avanzará una compañía

del ejército popular de Ratisbona, con el refuerzo de la batería Zanetti, pasando por la Maximilianstraße en dirección a la Odeonsplatz.

Epp

Por el flanco izquierdo la agrupación Siebert, asegurará las poblaciones de Bogenhausen y Haidhausen, al este de la ciudad, así como las partes limítrofes del centro urbano. La agrupación atravesará la Sonnenstraße para unirse a la agrupación Deetjen.

Oven

La agrupación Deetjen tomará el norte, Freimann y Schwabing, y avanzará por la Leopoldstraße hasta llegar a la Maximilianplatz y a la Lenbachplatz.

Möhl

Coronel von Epp, usted personalmente cruzará el Isar por Grünwald para unirse a la agrupación Siebert. Se encargará de rendir la fortaleza de los rojos, Giesing.

Epp

Señores, ¿les ha vencido alguna vez un poeta?

(Risas)

Oven

Señores, nos veremos pasado mañana, en el palacio de Wittelsbach.

(Abajo. Palacio de Wittelsbach. A lo lejos se oye fuego de artillería, de vez en cuando también de ametralladoras. Una mesa redonda, sobre la que hay un montón de patatas sin pelar. De pie, alrededor de la

*mesa y pelando las patatas: Gandorfer, Paulukum
—bastante bebido—, Reichert, Leviné, Olga)*

Leviné
   (Extrae un documento de una carpeta, lee y explica) Los parados protestan por no haber tenido representación en el comité de acción.

Reichert
   ¡Pues que se vayan al ejército rojo: ya verán cómo allí sí la tienen!

Paulukum
   Pero si uno no sabe manejar un arma, no debe estar en el ejército rojo, lo largan.

Leviné
   (Con otro documento) Una queja de la Nunciatura por el camión que se les ha expropiado ilegalmente. ¿Quién ha sido?

   (Nadie responde)

Reichert
   ¡El Espíritu Santo!

Leviné
   (Rompe en pedazos el documento y coge otro) Para Toller.

Gandorfer
   ¡No está!

Leviné
   Sentencia del tribunal revolucionario: condena a muerte

de un tal Armstädter por posesión de armas. ¿Alguien en contra?

Gandorfer
(Irónico) A ése mejor que lo soltemos.

Leviné
Le han declarado culpable, así que se le condena. *(Firma)*

Paulukum
¡A muerte, por posesión de armas! ¡Ya lo oyes, Reichert!

Reichert
¡Es un explotador, Paulukum! ¡Es dueño de una fábrica!

Paulukum
¡De todas formas! No puede tener armas.

(Entra Maenner, el Comisario de Hacienda)

Maenner
Acaban de comunicarme que en la Comisaría Central de Policía han robado pasaportes, y al parecer uno era para un miembro del comité de acción.

Paulukum
¿Quién ha dicho eso?

Maenner
¡Unos trabajadores!

Reichert
¡Cabrones!

Gandorfer

　Estamos unidos y seguiremos unidos.

Maenner

　Los trabajadores exigen una explicación, ¡y están en su derecho! ¡Son los que se juegan el pellejo!

Reichert

　¿Y nosotros no?

Paulukum

　(Va de acá para allá) ¡Señores, uno de nosotros! Uno lo tiene en su poder. Voy a miraros a todos a los ojos. ¡A uno tras otro!

Gandorfer

　¿Pasaporte adónde?

Maenner

　A Suiza.

Reichert

　¿Reichert de vacaciones?

Maenner

　Yo, personalmente, no necesito ir al extranjero. Puedo justificar con la conciencia muy tranquila todas mis decisiones como Comisario de Economía.

Reichert

　¡Lo creo! ¡Tú, que no te despegas del asiento!

Paulukum

　¡No toleraré bajo ningún concepto insultos contra mi persona!

Olga
¡Lo que me parece indigno es hacer caso de semejante acusación!

Paulukum
(Se quita la chaqueta) ¡Tengan, mi chaqueta! Meto la mano en los bolsillos, los vuelvo del revés, uno... otro... ¡vean! No hay pasaporte que valga.

Gandorfer
(De pie, a su lado, saca del bolsillo de la chaqueta una botella) ¡Pero sí una botella de Slibowicz!

Reichert
¡Que rule!

Paulukum
No me explico cómo puede haber ido a parar ahí. Tiene que haberla metido alguien.

(Después de beber de la botella, se la pasa a Maenner)

Maenner
No bebo, gracias.

Reichert
Ni bebe, ni fuma, ni echa mano a la caja.

Paulukum
Bueno, ¿quién es el traidor? ¿Quién tiene el pasaporte?

Leviné
Paulukum, quedas absuelto. ¡Tú también, Maenner! Veo

que llevas nervioso todo el rato. Has falsificado dinero, y eso está penado con prisión en épocas burguesas de paz. Pero sin embargo el dinero de las cajas de caudales ni lo has tocado, lo cual te garantiza circunstancias atenuantes. En cuestión de dinero, la burguesía reacciona de manera fluctuante. Gandorfer, a ti tampoco te pasará nada. ¡Ninguno de vosotros queríais esto, claro que no! ¡Los únicos cerdos son los comunistas! ¡A ti, Reichert, a ti te fusilarán! *(Le lanza una patata en tono amistoso)*

Reichert
¡No sabes cómo te lo agradezco!

Paulukum
(Con la tozudez de los borrachos) ¡Eso yo no lo consiento!

Leviné
(Con otro documento) Una carta de Landauer.

Reichert
Otro sermón dominical.

Paulukum
Hoy es el domingo de los trabajadores. ¡Primero de mayo!

(Cerca estalla una granada)

Reichert
Predican para los duros de oído.

Gandorfer
No vamos a resistir mucho más ahí dentro.

Leviné
(Lee en voz alta) "Me he puesto a disposición de la Repú-

blica de Consejos por la causa de la liberación y la mejora de la vida humana. Pero no se han vuelto a requerir mis servicios. Entretanto le he visto en acción, he visto cómo es su realidad frente a eso que usted llama "aparente República de Consejos". Tenemos un concepto muy distinto de la lucha que traerá las circunstancias que permitirán a todas las personas disfrutar de los bienes de la tierra y de la cultura..."

Reichert
¡Ya basta de tonterías, Eugen!

Leviné
(Sigue leyendo) "...en sus obras veo..." resumiendo: en lo sucesivo tendremos que prescindir del compañero Landauer. No nos va a costar mucho. *(Rompe la carta)*

Gandorfer
Es que ése vive fuera de la realidad.

Toller
(Entra sofocado y gritando) ¡Hay rehenes muertos! ¡Han asesinado a rehenes!

Paulukum
(Sale bruscamente de su ensimismamiento) ¿Quién? ¿Quién lo ha hecho?

Toller
¡Han fusilado a rehenes en el Instituto Luitpold!

Reichert
¡Calma, Toller!

Toller
 ¡Eso es asesinato! ¡Sois todos unos asesinos!

Paulukum
 ¿Quién lo ha hecho? ¿Quién?

Gandorfer
 ¡Los de Eglhofer, seguramente!

Maenner
 ¿Hay algún inculpado?

Reichert
 ¡Calma! ¿Cuántos son?

Toller
 Once. Están en el patio del instituto.

Reichert
 ¿Y quiénes eran?

Toller
 ¡Miembros de la Thule! Los tenían en el sótano. ¡Asesinato de rehenes! ¡La revolución se mancha las manos de crímenes!

Reichert
 ¡De la Thule! ¡Te voy a decir una cosa, Toller: por mí ojalá fueran más!

Gandorfer
 ¡Vosotros los habéis matado! Habéis matado a inocentes...

Olga
  Si eran de la Thule, de inocentes tenían bien poquito.

Maenner
  Pero ¿quién lo ha hecho?

Leviné
  (Brusco) ¡Todos nosotros, camarada Maenner!

Paulukum
  ¿Que yo he asesinado personas inocentes, así, por las buenas? ¿Que yo voy a echarme ese peso sobre mi conciencia?

Toller
  ¡Os han metido en un buen lío, Paulukum! ¡Ahí está...!

Leviné
  (Muy brusco, conteniéndose a duras penas) Toller, escúcheme bien: hemos tenido mucha paciencia con usted y en Dachau usted nos dejó en la estacada. ¡Salió victorioso porque los trabajadores lucharon! ¡Los trabajadores, no usted! Usted se ha comportado como un colegial. Y ahora viene gritando ¡asesinato! sólo porque hay unos pocos muertos, que no son trabajadores, sino miembros de una panda de cerdos antisemitas de la nobleza. ¡Más tendrían que ser! ¡Son una plaga y hay que acabar con ellos! ¡No nos dan pena! ¡Si somos bandidos es por su culpa! ¡Y ellos tampoco están pensando en mimarnos si nos cogen!

  (Toller sale corriendo, agitadísimo)

Maenner
  (Trata de ir tras él) ¡Toller!

Leviné
 ¡No se va a suicidar, Maenner! ¡Necesita su proceso!

Gandorfer
 Seguro que va al Instituto Luitpold.

Maenner
 ¡Tenemos que desvincularnos públicamente del crimen, de inmediato!

Olga
 ¿Y así dejar solos a los trabajadores de Munich, Maenner?

Maenner
 ¡Yo no tengo absolutamente nada que ver con eso, y los trabajadores tampoco!

Leviné
 Estoy dispuesto desde ahora mismo a decir que es un crimen, si la burguesía también reconoce sus crímenes.

Gandorfer
 Sea como sea, harán que nos pese.

Maenner
 ¿Qué han hecho con los cadáveres?

Leviné
 Al parecer aún siguen en el patio del Instituto.

Maenner
 ¡Hay que quitarlos de ahí!

Leviné
 ¡Pues póngase a ello, Maenner!

Maenner
 Si los Freikorps ya están en Giesing...

Reichert
 Allí las casas de los trabajadores son auténticos fortines. No pasarán.

Paulukum
 Tendidos en el patio –y Leviné está ahí de pie, y Reichert lo mismo– malditos lisiados! ¡No sois capaces ni de decir esta boca es mía! ¡Vosotros no tenéis dignidad humana! Tal vez la hayas estudiado en la universidad, Leviné, y la tengas en la mollera, pero no es ahí donde tiene que estar... ahí no es más que una ilusión que como entra, sale Lüftel. ¡No, Leviné, con su permiso, me retiro!

(Con intención de marcharse)

Reichert
 (Echa mano del revólver) ¡No te lo aconsejo, Paulukum!

Leviné
 ¡No dispares a gorriones, Reichert!

Paulukum
 (Rendido, se deja caer sobre un saco de arena) No, a mí no me van a disparar. No merece la pena. No soy más que una gotita de agua en el ancho mar.

Gandorfer
 ¡Esto es y seguirá siendo siempre una vergüenza! Lo de los rehenes no debería haber pasado, y ya está.

Paulukum
(Para sí) Lo único que ha pasado es que le han dado una paliza a Mühsam, nada más.

Maenner
No veo ninguna razón para que sigamos en este palacio.

Reichert
¡A las montañas suizas!

Maenner
(Furioso) ¡Yo no tengo el pasaporte!

Reichert
¿Qué más llevas en la carpeta, Eugen?

Leviné
Una solicitud: la Universidad...

Maenner
¡Eso es suicidio!

(Silencio)

Leviné
(Lee más papeles que ha sacado de la carpeta) Solicitud: la Universidad permanecerá cerrada hasta el mes de junio. Después reanudará su actividad con un ciclo de conferencias sobre el materialismo dialéctico.

Reichert
¡Bravo!

Gandorfer
En junio...

Leviné
Estamos de acuerdo. *(Firma. Toma otro documento)* Un telegrama de unos trabajadores italianos. *Lee:* "I lavoratori italiani inviano ai confratelli tedeschi il loro più fervido augurio, convinti come non mai che l'ora della vittoria socialista è prossima non solo in Germania ma nel mondo intero. Certi che la sicura sconfitta della borghesia e dei suoi servi pseudosocialisti protera alla liberazione totale della classe lavoratrice. Attendiamo fiduciosi il giorno ormai vicino dell'avvento del communismo".

(Disparos, muy cercanos; impactos de bala.
A la derecha. Redacción de un rotativo burgués)

Redactor
(Lee y corrige el editorial) Todos aquellos que amen a su pueblo y a su patria comprenderán que no podemos olvidar las enseñanzas de la República de Consejos. Hemos de velar... *corrige:* Nosotros, que como ciudadanos nos sentimos responsables, hemos de velar...*(Corrige)* Nosotros, que como ciudadanos y demócratas tenemos la responsabilidad, hemos de velar por que esa situación no vuelva nunca a repetirse. Lo que ahora necesitamos es trabajo constructivo, claridad de pensamiento, no palabrería, que se sirva con entrega al pueblo, a la patria, no que se sirva bajo el mando de elementos extranjeros.

(Abajo. Disparos. Toller, con las manos sobre la cabeza, corre por el escenario.
A la izquierda. Palacio de Wittelsbach. Disparos. Leviné y Reichert amontonan actas y les prenden fuego)

Reichert

¡Arded!

Leviné

¡No son más que un atajo de inútiles, Reichert! ¡Nadie ha entendido nada! ¡Nadie!

Reichert

¡A ésos tendríamos que haberlos vendido antes, no justo a la hora del cierre! ¡Ahora no nos darán nada por ellos!

Leviné

(Le mira) Y nosotros dos...

Reichert

(Riéndose sarcásticamente) Dos por el precio de uno, Eugen.

Leviné

¡Tiene que ponerse a salvo! ¡Si le cogen, despídase!

Reichert

(Tras una pausa) Que no cunda el pánico: no me cogerán.

(Queman actas)

Leviné

(Tras una pausa) ¿Usted en qué trabaja, Reichert?

Reichert

Yo aprendí el oficio de camarero.

Leviné

¿Tiene mujer, hijos?

Reichert
Gracias por preguntar: no he querido esa carga.

Leviné
Mi mujer está intentando con el crío... en bicicleta...

> *(Estalla una granada. Leviné, terriblemente asustado, se agacha)*

Reichert
(Que no se ha inmutado) Ha sido en la casa de atrás, Eugen.

Leviné
(Avergonzado por su propia reacción) Un shock momentáneo, un reflejo.

Reichert
¿Adónde quieres largarte con tu mujer y el niño?

Leviné
¡Eso ni me lo planteo!

Reichert
Es humano.

Leviné
No, para mí no.

Reichert
Bueno, ¿qué? ¿adónde?

Leviné
(Dudando) A Suiza.

Reichert
    ¿Así que eres tú el que tiene el pasaporte?

Leviné
    Fue una decisión del partido.

Reichert
    (Mirándolo con insolencia) ¡Me lo estaba imaginando!

Leviné
    (Atormentado) ¡Yo no quería, Reichert! ¡No quería!

Reichert
    Nadie está hecho para morir como un héroe.

Leviné
    ¡Te equivocas! ¡No se trata de mi vida privada! ¡Yo no tengo vida privada, Reichert!

Reichert
    El partido, ya entiendo.

Leviné
    (Casi implorando) Yo nunca he sido un cobarde, Reichert. Siempre he estado a favor de la revolución... siempre perseguido... con pasaporte falso... en la cárcel...

Reichert
    Lo entiendo perfectamente, Eugen.

Leviné
    Desde Zürich me pondré en contacto con la central. Luego tal vez vaya a Hamburgo, y luego sigue la cosa.

Reichert

Y presumo, Eugen, que a lo mejor luego vuelves a necesitarme, más tarde. *(Estallidos cercanos.)* Te lo haré saber.

Leviné

¡Lanzagranadas! *(Corre agachado hacia la ventana)*

Reichert

¡Rápido, por la escalera de incendios!

Leviné

(Mira por la ventana) ¡Ahí enfrente! ¡El ejército del Reich! ¡Ahí enfrente! ¡Ya están aquí! ¡Venga! ¡Rápido! *Sale corriendo.*

Reichert

Me apetece echarme un cigarrito. No me extraña, con el humo que hay por todas partes... *(Enciende con calma un cigarrillo)* ¡Pues nada! *(Disparos)*

(A la derecha. Instituto Luitpold. Noche. Llega el bedel)

Toller

¡Abra la puerta del sótano, hombre de Dios! *(Llamando a la puerta con los nudillos)*

Bedel

(Alumbra a Toller con la linterna. Asustado) Señor Toller... tengo el honor de...

Toller

¿Queda alguien?

Bedel

Yo jamás he hecho nada contra la República de Consejos.

(Viene la mujer del bedel)

Toller

(Agarrando al bedel) ¡Que abra la puerta, hombre!

Bedel

Yo no soy más que el bedel del instituto.

La mujer

¡No mate a mi marido, está enfermo del corazón y necesita tranquilidad!

Bedel

Se han llevado la llave.

Toller

(A la mujer) ¿Queda gente ahí abajo?

Bedel

Los han fusilado, señor Toller. Detrás, en el patio. Están tendidos junto al muro, pero nosotros no hemos visto nada.

La mujer

Sólo lo hemos oído.

Bedel

Llevamos viviendo ahí arriba veintinueve años.

La mujer

Uno se fumó un cigarrillo antes.

Toller
 ¡Ayúdenme!

 (Abren la puerta por la fuerza)

 ¡A ver, encienda la luz!

Bedel
 No hay luz.

Toller
 ¡Pero usted lleva la linterna!

La mujer
 Eso es verdad: Paul, tú llevas una linterna.

Bedel
 Uy, no me había dado cuenta. *(Alumbra la entrada del sótano con la linterna)*

Toller
 (Grita) ¡Salgan!

La mujer
 ¡Jesús, María y José!

Bedel
 Están muertos todos, señor Toller, los contrarrevolucionarios.

Toller
 ¡Ahí al fondo!

La mujer
 ¡No dispare, señor Toller! ¡Dios mío, esa pobre gente!

Toller
¡Fuera! ¡Fuera de ahí! ¡No le voy a disparar, hombre! ¡Salga de ahí!

(Un hombre mayor sale del sótano)

El hombre
Yo... yo...

Toller
(Muy nervioso) ¡Largo de aquí! ¡Otro de la Thule! ¡Hatajo de antisemitas!

El hombre
Estaba lloviendo, y entonces yo...

Toller
¿Queda más gente ahí abajo?

El hombre
No... bueno, sí: muerta.

Toller
¡Largo! ¡Que te largues he dicho!

El hombre
(Sin moverse) No.

Toller
¡Estás libre, hombre!

El hombre
El cartel, yo...

Toller
   (Gritándole) ¡Que te largues!

El hombre
   Estaba lloviendo. Antesdeayer estaba lloviendo... y entonces tapé mi coche con un cartel que había despegado...

Toller
   ¡Largo!

El hombre
   Lo tapé. Era de Toller. Un cartel de Toller.

Toller
   ¡De qué cartel hablas!

La mujer
   ¡No dispare! He oído que usted es muy humano, señor Toller.

El hombre
   (Aterrorizado) ¿Que es usted Toller?

Toller
   ¡Sí, Toller!

   (El hombre escapa corriendo)

La mujer
   (Rezando sofocadamente) Jesús, María y José, ten piedad de nosotros, pecadores y no nos castigues por nuestras ofensas...

Bedel
   Nosotros somos socialdemócratas de pro, señor Toller.

Toller
¡Traiga un camión, rápido! ¡Hay que llevarse los cadáveres de aquí!

Bedel
¡Los blancos ya están en Giesing!

Toller
¡Al hospital de la Nußbaumstraße! ¡No deben encontrarlos aquí! ¡Provocaría un baño de sangre entre los trabajadores!

Bedel
Nosotros no tenemos nada que ver con los que han fusilado aquí, Señor Toller.

Toller
¡Agarre!

(El bedel ni se mueve)

¡Es una orden!

La mujer
(Ahora se da cuenta del desamparo de Toller) ¡Paul, tú no agarras nada! ¡Que luego te hacen un consejo de guerra!

Bedel
(Retirándose) Yo me lavo las manos, señor Toller.

Toller
(Con un ataque de histeria) ¿Es que los he matado yo acaso? ¡No se queden ahí mirando como pasmarotes! ¿Qué quieren, que los saque de aquí yo solo? ¿Que me los eche a la espalda?

(Llega gente. Se iluminan las ventanas)

Voz
¿Qué pasa?

Una vecina
¡Ahí está uno de los bolcheviques!

Segundo vecino
¡Cogedle!

Voz
¡Enciendan la luz! ¡Enciendan la luz!

Una voz en falsete
¡Es Toller!

Toller
(Grita) ¡Yo no he sido! *(Escapa corriendo)*

Voz
¡Que no salga al patio!

Otra voz
¡Al paredón!

(Unos cuantos hombres lo persiguen. La mujer del bedel reza)

Bedel
(A su mujer) ¿Qué haces venga a rezar?

La mujer
¡Rezo por Toller! ¡Ahí reviente!

(A la izquierda)

Uno que lee un periódico
Corren rumores por la ciudad de que han fusilado a Toller y que su cadáver está en el cementerio Este.

Una mujer
Sí, vivía por allí cerca. No en mi mismo edificio, sino en el de al lado, en la pensión Ludwigsheim, de la señora Maier. Siempre se levantaba tarde. Y recibía visitas. En el restaurante Ethos, en la Ottostraße... siempre estaban allí metidos, todos ellos. Bueno, pues allí hay una camarera, Tilde, ella y él... bueno, en este tema a ella le puede usted... Vamos, que ella está enterada. Tilde se llama.

Un ingeniero de una fábrica
(Dicta) En esta fábrica se encuentra un trabajador que en mi opinión es la misma persona que el prófugo Ernst Toller. Por ello ruego me remitan con la mayor prontitud sus señas personales y una fotografía.

Un hombre grueso
Dicen que ahora lleva bigote, un bigotito pelirrojo. Y gafas. Y cuando se queda pensativo, siempre cierra los ojos.

Un profesor de música
No es que yo quiera afirmar nada que luego igual no sea cierto, pero me he enterado en una tertulia de que la señora Cassirer –la actriz del Teatro Real, la Durieux... Cassirer también es judía, como todo el mundo sabe.

(Abajo. Miembros de la guardia blanca traen detenido a Landauer, que lleva un largo abrigo negro.

A la izquierda)

La mujer
¡Tienen a Landauer! ¡A Landauer!

Los de la guardia blanca echan a los civiles.

Hombre grueso
Esto yo no me lo pierdo. *(Sale con el resto para volver a entrar más tarde por la derecha)*

(Abajo)

1er Guardia blanco
(A Landauer) Así que tú querías introducir el comunismo de las mujeres en Munich, ¿eh?

Landauer
¡Pero eso es una estupidez! ¡Yo nunca he dicho nada semejante!

1er Guardia blanco
¡Pues venía en el periódico!

Landauer
¡Propaganda difamatoria! ¡Calumnias!

2º Guardia blanco
Ahora ya no eres tan valiente, ¿eh? ¿Ya no dices nada más?

Landauer
¡Yo he defendido siempre con mi propia persona lo que he dicho!

3º Guardia blanco
(Un joven amanerado) ¿Qué ha dicho?

Landauer
(Citando el Evangelio según San Mateo) "Lo dicho, dicho está".

2º Guardia blanco
¡Tú! ¡No seas insolente!

1er Guardia blanco
Yo no tendría nada en contra del comunismo de las mujeres.

Landauer
Nosotros hemos dicho que queremos crear una república socialista, con hombres libres de verdad, ¡una fraternidad, grande y hermosa! Porque no seréis libres mientras sigáis en el militarismo...

2º Guardia blanco
¡Nosotros somos del Freikorps, no militaristas!

Landauer
Lo que pasa es que os han camelado.

3er Guardia blanco
(Sonríe al primero, irónico) ¿Oyes eso, Franzi? Que me han camelado.

Landauer
Os mandaron a los campos de batalla imperialistas y habéis dejado que os masacraran... ¡voluntariamente! Luego despertaron los mejores de nuestro pueblo y dije-

ron: ¡Nunca más! ¡Nunca más lucharán hombres contra hombres!

1er Guardia blanco
¡Los espartaquistas! ¡Ésos son los peores!

2º Guardia blanco
¡Que todas las personas son iguales!... ¡Eso es imposible!

3º Guardia blanco
(Riendo sarcásticamente) ¡Marxismo!

Landauer
¡Yo no soy marxista! ¡Nunca lo he sido! ¡He tenido acaloradas discusiones con los marxistas! ¡Lea mi escrito sobre el socialismo! ¡Señores, ya sólo quedan marxistas en Rusia y en el país de los sargentos, en Prusia!

2º Guardia blanco
¡A la mierda el socialismo!

3º Guardia blanco
¡Atención!

(Los guardias blancos se cuadran. Llega un mayor)

3er *Guardia blanco*
Señor: acabamos de apresar a Landauer.

2º Guardia blanco
Ahora ya sólo falta Toller.

Mayor
(De pie frente a Landauer) ¿Así que es usted Landauer?

Landauer
   Sí.

>   *(El mayor lo mira unos segundos en silencio. Luego, con un repentino movimiento, le da una bofetada. Continúa andando)*

Landauer
   (Con la cara ensangrentada e impotente de rabia, trata de colocarse las gafas, medio caídas) ¡Ejército embrutecido... brutos...!

3º Guardia blanco
   (Muy amable) ¿Puede andar un poco, señor Landauer?

Landauer
   ¿Adónde quieren que vaya?

3º Guardia blanco
   Ahí al lado, a la lavandería.

>   *(Siguen andando junto a Landauer. Por detrás el joven guardia blanco golpea a Landauer en la cabeza con el fusil)*

Landauer
   (Amaga una caída, pero vuelve a erguirse, se toca con ambas manos la nuca. Tiene sangre en las manos) Estoy sangrando.

2º Guardia blanco
   ¡Tú, ni se te ocurra tocarme! *(Sigue empujándolo)*

3º Guardia blanco
   ¿Te ha agarrado el detenido?

4º Guardia blanco
(*Llega corriendo*) ¡El insurgente mayor! ¡Landauer!

Landauer
¡Yo no soy un insurgente! No tenéis ni idea de lo manipulados que estáis.

1º Guardia blanco
¡Repite eso que has dicho!

3º Guardia blanco
¡Seguid, venga!

4º Guardia blanco
¡Despacio! Con éste tengo yo que ajustar cuentas. Mató a mi compañero en Haidhausen, a traición.

Landauer
Yo en mi vida he cogido un arma. ¡Tenéis el espíritu del militarismo tan metido en el cuerpo que marca toda vuestra forma de hacer y de pensar!

4º Guardia blanco
(*Sigue golpeándolo, Landauer cae al suelo*) ¡Se acabaron ya los discursitos populares!

1º Guardia blanco
¡Cristo de repuesto!

2º Guardia blanco
(*Le extrae un manuscrito del bolsillo del abrigo*) ¡Y encima lleva un discurso sedicioso en el bolsillo!

Landauer
>*(Sobre el suelo, se defiende)* Mi manuscrito... es una conferencia, por favor...

2º Guardia blanco
>*(Le mete el manuscrito en la boca)* ¡A callar!

3º Guardia blanco
>¡Quitadle el caftán!

>>*(Le quitan el abrigo a empujones, luego el resto de la ropa. El guardia blanco joven le da un tiro. A la izquierda)*

Hombre grueso
>¡Qué brinco ha dado!

>>*(A la derecha. Residencia de un viejo aristócrata. El aristócrata, Toller disfrazado. Gafas, cabello rojo, bigote. Parece muy nervioso)*

Aristócrata
>¡Qué disfraz! ¡Increíble! ¡El bigote! Parece otro... ahora mismo, cuando estaba ahí de pie, la postura, esa ligera inclinación...

Toller
>¡La casa está rodeada!

Aristócrata
>Calma. No se les ocurrirá buscar a un revolucionario en la casa de un noble aristócrata bávaro.

Toller
>¡Su criado me ha reconocido!

Aristócrata
¡Ése! ¡Pero si él era uno de ellos! Me contó lo de la asamblea constituyente ahí en el Palacio de Wittelsbach, cómo Mühsam se subió a una silla estilo barroco, para Gradl eso fue la apoteosis. Pero él no denunciará, Toller. Si fuera Leviné, a lo mejor, pero ése ya está más que pasado. Pero dígame una cosa: qué pensó entonces... es sólo una pregunta. Mühsam... un tipo simpático, como Landauer... una vez le oí hablar, con sus rizos, pero tan exageradamente anarquista. ¿Y usted, Toller? ¿Escribe teatro, según tengo entendido? ¿Es cierto, como dicen, que es usted agresivo, expresionista? A lo mejor triunfa... ¿de qué trataba lo que escribe? Ah, sí, de la fascinación por lo momentáneo, el tema que eligen siempre los jóvenes. Es una suerte que no haya matado a ningún Wittelsbach, así *par hasard*... quiero decir, no es que fuera a enfadarme con usted por esa razón, pero ¡imagínese el entierro: el pueblo se habría volcado de tal manera, que toda su revolución se habría ido al garete! ¡Usted no conoce al pueblo, Toller! ¡Me refiero a la gente!... No, ellos ya no van a hacerle nada, no tema. En cuatro semanas ya se habrá apaciguado su furia. Puede contar con que, ante un tribunal ordinario, usted tendrá circunstancias atenuantes. En todo caso las patrullas del ejército... Antesdeayer mataron a uno por equivocación, a la puerta de su casa; al parecer se daba un cierto aire a usted, la estatura, la cara... quiero decir: sin bigote. ¿Lo sabía?

Toller
Sí.

Aristócrata
La gente sigue todavía histérica. *(Mira hacia fuera)* Aún

siguen ahí. Era un hombre sencillo, un instalador. ¿Ve? Leviné sin embargo era otra cosa: a él lo mataron enseguida, se dejaron de miramientos y fuera. Y a otra cosa. Él tenía que desaparecer, por razones evidentes. Pero usted...

Toller
Leviné...

Aristócrata
¿Qué quiere decir?

Toller
No, nada.

Aristócrata
Pero ante el tribunal se mantuvo inamovible, sin retractarse de nada. Ninguna cuestión así más personal, en absoluto: nada más que revolución mundial. Y el discurso que dio antes de la ejecución... ¡Impresionante! Todo el mundo se quedó admirado... francamente impresionante.

Toller
(*De repente furioso*) ¡Se planta ahí! ¡Pronuncia un discurso! ¡Deja que le den un tiro! ¡Precioso! ¡Precioso! ¡Precioso!

Aristócrata
¡Pero Toller! ¡Yo no estoy a favor de Leviné! ¿Por qué se pone así?

Toller
¡Discúlpeme!

Aristócrata
Yo estoy de su parte, en este caso. Ya sabe que simpatizo con usted. Lo único que le falta es... cómo le diría... le falta un cierto... ¡es que usted aún es muy joven, Toller!

(Llaman al timbre)

Aristócrata
Ahí están. Libertinaje, como con los rojos.

Toller
(Muy nervioso) ¿Dónde me meto?

Aristócrata
Ante todo, no se ponga nervioso. Recibiré a los señores en la entrada, y si de verdad fueran a entrar... Créame: el disfraz es perfecto.

(El aristócrata sale. Toller se mantiene a la escucha. Está tenso y nervioso al máximo. Espera sin aliento. Se levanta, anda un poco. Se para delante de un espejo de gran tamaño. Revisa su ropa, su cara, su pelo. De repente decide quitarse las gafas, bruscamente. Luego el bigote. Se da la vuelta: así le reconocerán de inmediato, el prófugo de la policía. Se coloca delante de la puerta, a la espera de que entren los soldados para decirles: ¿Buscan a Toller? ¡Pues aquí me tienen! Pero los soldados no entran. El aristócrata vuelve solo)

Aristócrata
¡Profesor ayudante, el teniente! A punto he estado de ofrecerle un armagnac... ¡Pero Toller! ¿Qué le ocurre? Si

llegan a entrar y le ven así... ¡Toller! ¡Lo que le podría haber pasado... y a mí también!

(Toller sale corriendo)

Aristócrata
 ¡Pero esto es... aún están en la casa!

(Abajo. Música militar. Un hermoso domingo. Ciudadanos. Un guardia blanco posa para ser fotografiado delante de una calavera. Resl de pie junto a él)

Resl
 ¡Pareces un peligro público!

Guardia blanco
 (La mira divertido) Y tú también, Pola Negri.

Resl
 Me sigo llamando Resl, todavía.

Guardia blanco
 (Sonríe irónico) Y yo soy del primer escuadrón de choque.

Resl
 Prefiero a los "pioneros".

Guardia blanco
 ¿Así que eres territorio virgen, muchacha?

Resl
 No precisamente.

Guardia blanco
 ¿Pero por ahora soltera? ¿Single?

Resl
¿Qué significa "single"?

Guardia blanco
¡Pues eso, soltera!

Resl
¡Hablas perfectamente en extranjero!

Guardia blanco
Es que soy de fuera.

Resl
¡De Prusia!

Guardia blanco
¡De la Guardia Prusiana!

Resl
¿Habéis entrado por Starnberg?

Guardia blanco
¡Freikorps Epp, no sé si eso te dice algo!

Resl
Sí me dice, sí.

Guardia blanco
Unos tíos estupendos, todos.

Resl
(Sigue andando con él) Walter tampoco se merecía ese destino.

Guardia blanco
   ¿Era tu novio?

Resl
   Eso es decir mucho. Hablábamos.

Guardia blanco
   ¡Hoy hablamos nosotros dos!

   (Se detienen junto a la capilla)

Resl
   (Tras una pausa) Le mataron cerca de Starnberg, junto a las vías.

Guardia blanco
   ¿A quién?

Resl
   A Walter.

Guardia blanco
   ¡O sea, que era rojo!

Resl
   Un poco loco sí estaba.

Guardia blanco
   Había que cortar por lo sano.

Resl
   Pero, por ejemplo, lo que decía acerca de la liberación de las mujeres, por ejemplo...

Guardia blanco
¡Tonterías! ¡A mí que no me vengan con esas!

(A la izquierda cuatro testigos. Llevan puestas máscaras que distorsionan sus rasgos de modo ligeramente expresionista)

Alguien
(Anuncia) El Ministro del Interior, Heine.

Heine
Tal vez sea de interés para los jueces lo que alego a continuación como circunstancia atenuante: toda la política que llevó a cabo el gobierno bávaro desde el mes de noviembre de 1918 pretendía borrar las fronteras que hay que establecer entre un reordenamiento legal del Estado y una situación de paulatina y violenta destrucción. Esta política no dio muestras de querer implantar un nuevo orden, sino que constituía una revolución permanente, un descenso progresivo, paso a paso, hacia la República de Consejos, hacia la tiranía de la Guardia Roja. En una cabeza joven y políticamente inmadura y en el alma de un poeta, tal evolución tiene que provocar una gran confusión, acabando por destruir el sentido del deber, del orden y del trabajo. Como persona, a Toller no se le puede echar la culpa: con todas las amistades que se ha granjeado su ejecución tendría justo el efecto contrario al deseado.

Alguien
(Anunciando) El profesor Weber.

Weber
En Heidelberg asistió a mis clases y seminarios. Me

llamó la atención como un joven aplicado, con talento e interesado por ahondar en el sentido de las cosas. He de decir que, según la opinión que me he ido formando de él y según las esperanzas que se han depositado en él: Dios le ha convertido en político en un momento de cólera.

> *(Arriba. El tribunal con máscaras o semimáscaras: "el Capital", "el Clero", "la Justicia", "el Ejército". Ríen)*

Alguien
(Anuncia) El consejero de la Corte Max Martersteig, intendente.

Martersteig
(Lee un informe) El ansia de libertad interior, contraria a la ideología burguesa, y puesto de manifiesto en su drama "La transformación", así como la tendencia anticlerical se corresponden con una concepción revolucionaria ideal, que ansía, frente a toda transigencia, por un lado ver humanidad y religiosidad auténticas y exentas de las contradicciones que impone la vida cotidiana, y por otro justifica forzosamente una actitud extremista de "todo o nada".

Esta actitud es muy común entre miles de nuestros jóvenes cultivados, como típico es también el cambio brusco y repentino hacia el pacifismo radical, a la vista de los horrores de la guerra. Hay que ver en ello la consecuencia inevitable de aquella concepción puramente idealista, que a pesar de toda su autenticidad, no consiguió orientarse por una visión real del mundo, y que además gustaba de alimentarse no pocas veces de una sensiblería, que favorecía la actitud general de neurastenia. Esto constituye un análisis psicológico de la figura del héroe en la obra de Ernst Toller, que debemos considerar como confesión del propio autor.

Alguien

(Anuncia) Dictamen psiquiátrico.

Dictaminador

...estuvo entre el 28 de diciembre de 1917 y el 15 de enero de 1918 en el Sanatorio Grünnewald, a las afueras de Berlín, a cuyo cargo estaba yo por aquel entonces, en calidad de médico jefe. Durante su estancia, Toller dio muestras de un sobreexcitación nerviosa tal que hace dudar de su salud mental. Es una personalidad psychachetisch e histérica que, además de predisposición disarmónica, irritabilidad y capacidad de entusiasmo, acusa falta de sentido crítico, obstinación y credulidad en la cuestión con la que se haya obsesionado en ese momento, así como tendencia a reacciones de histeria, fuerte influencia del entorno e inclinación anómala a destacar.

(A la derecha. Toller en una jaula como en "Hombre-masa")

Toller

Ustedes, que han consentido que mataran a Landauer como a un perro, que fusilaron a Leviné después de un juicio cuyo veredicto estaba ya dictado desde el principio, que no les remuerde la conciencia por no haberse opuesto a que los trabajadores, mis compañeros en la lucha, fueran sacados brutalmente de sus casas y fusilados... Es evidente que su mayor preocupación en este proceso es aplicarme circunstancias atenuantes. ¡Interesa minimizar mis crímenes, incluso disculparlos! Se han recopilado todas mis buenas acciones, se ha aludido a las condenas a muerte que destruí, a las declaraciones de ciudadanos cuyas propiedades personales salvaguardé, al valor que demostré con mi protesta en contra de la radicalización de los comunistas. Y el profesor Max Weber, a quien tanto admiro, ha dicho, entre las risas de los aquí presentes, que Dios me convirtió en político en un momento de cólera. ¡Pero no ha sido Dios quien me ha hecho político: las clases del señor profesor Weber también! Y luego se han recogido firmas de escritores —entre ellos nombres tan respetables como Thomas Mann, Max Halbe, Carl Hauptmann y Björnson— que dan fe ante el tribunal, mediante una petición, de que soy escritor. ¡Qué honor! He permitido que se me honrara de esta manera. Escritor, sí. Pero con eso también quieren decir ustedes que se me ha de tratar con más indulgencia que a un político de profesión o a un trabajador revolucionario. Señores, ¿por qué razón se toman tantas molestias por mí? ¿Es que les importa salvar mi cabeza y mi honor? ¡A buen seguro que no! No: la razón es que creen que en el fondo yo soy uno de ustedes, un burgués, y no pueden entenderlo y les inquieta profundamente el hecho de que uno de los suyos haya participado en esta revolución e incluso haya tenido el mando durante un tiempo. ¡Les conozco muy bien! Lo que quieren es apartarme de la revolución; bastaría declarar mi arrepentimiento para que volvieran a acogerme complacientes entre los suyos y así poder condenar la revolución con mayor dureza aún. Quieren decir: era una persona decente, en absoluto un criminal hasta que llegó la peste y la fiebre de la revolución, provocando la confusión dentro de las cabezas y finalmente los crímenes que nosotros —ustedes y yo— detestamos.

¡Déjenme que les diga que todo lo he hecho con plena

conciencia y asumiendo toda la responsabilidad; y que como escritor no he escrito una sola línea y no escribiré una sola línea –si me dan la oportunidad– de la que no responda como si se tratara de un hecho consumado!

Abucheadores
(Desde arriba) ¡Literatura mala, coartada de malos hechos!

Toller
Se ha derramado sangre. Han caído inocentes, se les ha asesinado y aplastado. Yo lo he visto horrorizado. Pero ahora sé que quien lucha en el ámbito político, a caballo entre intereses económicos y humanos, tiene que sufrir en propias carnes que la ley y las consecuencias de su lucha estén determinados por poderes ajenos a sus buenas intenciones y que la forma de la defensa y el ataque le viene impuesta. Y como esa sangre se derramó en los días por los que se me acusa aquí, les digo a los que están ahí arriba sentados, como meros espectadores, como eternos inocentes que eternamente esperan: esto lo hicieron personas y yo lo hice con ellas.

Abucheadores
(Desde arriba) ¡Teatrero!

Toller
¡Sí, mírenme con indignación y desprecio! ¡Yo no soy uno de los suyos! ¡Me niego a ser uno de los suyos! ¡Yo soy uno de esos muertos que han dado su vida por sus sueños, como Landauer y Leviné, sí, también Leviné! ¡Condénenme, señores jueces! La historia se dirige hacia un futuro mejor, que será del socialismo, y ella me juzgará de otra forma.

(Abajo ha ido entrando una hilera de soldados del ejército del Reich durante el discurso de Toller. Los soldados se colocan delante, junto al proscenio, de cara al público y dejando un hueco en el centro. Arriba. El tribunal se pone en pie)

Presidente

Toller, Ernst, escritor, aconfesional, se le acusa de alta traición, por lo que es condenado a cinco años de prisión militar.

El *"Capital"*

Este veredicto es una victoria de la ideología humanitaria. *(Sale el tribunal)*

(Abajo. Detrás de los soldados del ejército del Reich puede verse un teniente que va nombrando gente. Matadero de Munich. Después de cada nombramiento aparece un civil con las manos cruzadas detrás de la cabeza y hace mutis por un lado. Cada cierto tiempo se oyen ráfagas. Los trabajadores nombrados son fusilados.

Arriba pueden verse rostros: espectadores; observan en tensión la lectura de los nombres)

El teniente

(Lee la lista) Niedinger, Paul; Äußere Wienerstraße; tapicero.

(Se llevan al trabajador detenido)

Lößl, Ignaz; Im Tal; peón de albañil.

(Se lo llevan)

Stratmann, Joseph; Westenriederstraße; impresor.

(Se lo llevan)

Liebhard, Manfred; sin oficio.

Un hombre
(Grita desde arriba) ¡Yo lo he visto cómo disparaba! ¡Le he visto disparar! ¡Vivo en la casa de enfrente!

(Se llevan al detenido)

El teniente
Probst, Georg; Sendlingerstraße, periodista.

Una mujer
(Grita desde arriba) ¡Sí, ése era un insurrecto! ¡Instigó a la gente, ya durante la guerra, cuando nuestros maridos estaban en el frente!

(Se llevan al detenido)

El teniente
Döpfer, Karl; Hunzinger, Karl; parados; Alpenstraße.

Un hombre
(Desde arriba) ¡Ése era, el moreno!

(Se llevan a los dos detenidos)

El teniente
Hess, Karl-Alfred; maquinista; Trappentreustraße.

(Se llevan al detenido)

Brunner, Hans; aprendiz de óptica.

Un señor
   (Con abrigo se aproxima rápidamente y abofetea al joven) ¡Qué, mocoso, más que guarro! *Se lo lleva de malas maneras:* ¡Y ahora mismo vuelves al trabajo!

El teniente
   ¡Alto! ¡Quietos!

El señor
   (Muestra su carné, y el teniente le hace el saludo militar.) Es mi aprendiz, ya me encargo yo de él. *Sale con el joven.*

El teniente
   (Continúa leyendo) Zumbusch, Franz, cerrajero; Ebinger, Karl, peón; Weller, Adolf...

   (Se llevan a los detenidos)

El teniente
   Boll, Paul...

El trabajador
   (Grita) ¡Yo no tenía fusiles! ¡Alguien me lo puso en casa!

Un hombre
   (Desde arriba) ¡Era una instigador, le está bien empleado!

   (Se llevan al detenido)

El teniente
   Obermeier, Fritz, albañil; Schwendy, Xaver, hostelero; Reinhardt, Otto, cerrajero; Bitter, Alfred, jefe de taller; Höpner, Erich, impresor; Weller, Karl, sin oficio; Pöhlmann, Ulrich... *(Como nadie da un paso al frente, el teniente repite con dureza)* ¡Pöhlmann, Ulrich!

5 ESCENAS
NO INCLUIDAS EN ESTA VERSIÓN

PALACIO DE WITTELSBACH

Toller, el doctor Lipp, Mühsam

Toller
Lipp, su telegrama a Lenin está empezando a preocuparme.

Doctor Lipp
Como muy tarde pasado mañana tendremos respuesta.

Mühsam
¡Ossa!

Toller
¿Habéis leído la edición de hoy de "Bandera Roja"? Trae otro artículo de Leviné.

Doctor Lipp
Limitado por su dogmatismo partidista.

Toller
¿Se ha enterado, Lipp? Los franceses quieren enviar un comisionado especial a Berlín, para negociar la distribución de víveres.

Doctor Lipp
Ya lo han hecho.

Toller
¿Que ya lo han hecho?

Doctor Lipp
Como puede ver, mi servicio de información...

Toller
Lo que de verdad se negocia me parece que está bien claro.

Mühsam
¡Acabar con la República de Consejos o si no, no habrá qué comer en todo el Reich!

Doctor Lipp
(Con superioridad) ¡Usted mismo lo ha dicho!

Toller
¿Y usted cómo lo ve?

Doctor Lipp
Con tranquilidad.

Mühsam
Pues yo no, precisamente.

Toller
Yo tampoco. Si de verdad bloquean el suministro de víveres, dentro de una semana Ebert acabará aceptando cualquier cosa. Y entonces tendremos a Noske a las puertas.

Doctor Lipp
 ¡Chantaje! Nuestro socialdemócrata alemán Ebert no entrará en ese juego.

Toller
 ¡No lo sé, no lo sé, no lo sé!

Doctor Lipp
 Eso habría provocado huelgas masivas en todos los Estados, lo que significaría que el proletariado alemán se inclina todavía más a la izquierda... y eso no les cuadra ni a los socialdemócratas ni a los grandes magnates. ¿Ha visto la fotografía de Noske? Tiene manos peludas como de gorila.

Toller
 ¿Qué cree usted que hará Ebert?

Doctor Lipp
 Dimitir, lógicamente.

Toller
 A favor del siguiente, que tendrá aún menos escrúpulos.

Doctor Lipp
 Ahí lo tiene: ...la única salida que nos queda son todos mis esfuerzos diplomáticos por el reconocimiento de un estado bávaro soberano. Por el momento las potencias aliadas siguen temiendo la mentalidad revanchista de los alemanes imperialistas... ¡hay que aprovecharlo! Sólo con que Inglaterra o Italia nos reconozcan podemos evitar fácilmente, por vía diplomática, una intervención militar de Noske.

Toller
　Eso me parece mucho especular.

Doctor Lipp
　No es usted un *homo politicus*, querido Toller.

Mühsam
　(Enojado, a Lipp) ¡Pero usted sí!

Doctor Lipp
　En Berlín sigue el embajador del Gobierno de Bamberg en la emigración como representante de Baviera en funciones. Lo interpreto como una afrenta personal.

Mühsam
　(Aún enfadado por la actitud de Lipp) Hablando de reconocimiento: el embajador prusiano, que declaremos su vehículo como exterritorial. Le he dicho que reconoceremos su vehículo si a cambio él reconoce nuestra república.

Doctor Lipp
　Pero al parecer el embajador no ha reaccionado.

Mühsam
　¡Cobrar el carro! ¡Ya verás cómo así sí reacciona!

Doctor Lipp
　¡En diplomacia hay métodos más sutiles que ése, camarada Mühsam!

Mühsam
　¡Los reaccionarios disparan granadas y usted quiere contestarles con formulismos!

Doctor Lipp

¡Pero es que aún no están disparando granadas! ¡Ciñámonos a los hechos!

Mühsam

¡No se haga el tonto, señor Lipp! En Ohrdruf están tomando posiciones los Freikorps... ¿contra quién será?

Toller

En cualquier caso necesitamos armas.

Mühsam

¡Hoy mismo!

Doctor Lipp

(Sonriendo) "Con el tiempo desaparecerán los ejércitos permanentes, puesto que, con su disposición a aparecer siempre armados para la lucha, suponen una continua amenaza de guerra para otros Estados, los incitan a superarse mutuamente en una carrera armamentística, que no conoce límites".

Mühsam

¿A cuento de qué viene eso?

Doctor Lipp

Kant, *De la paz perpetua.*

Mühsam

¡A la mierda Kant, doctor Lipp! Si no tenemos cañones pronto, podemos ir estudiando el imperativo categórico en chirona.

(Sale)

Doctor Lipp
Una persona con muy poco criterio, este Mühsam.

> *(Sale.*
> *Un grupo de jóvenes llega con bicicletas. Pegan un gran cartel en el que puede leerse, subdividida en carteles individuales, la palabra SOLIDARIDAD. Olga reparte octavillas.*
> *Un trabajador mayor y un aprendiz de pie junto al muro)*

El trabajador mayor
(*A Olga*) ¡Vaya, La Paloma, danos un papelito de esos!

Olga
(Esforzándose por entrar en contacto con los trabajadores) ¡Es el último que me queda! ¡Solidaridad!

Un trabajador
(Que sale por la puerta de la fábrica y continúa andando) ¡Porque los comunistas no colaboramos!

Otro trabajador
(Sarcástico) ¡Solidaridad con el señor Toller!

El trabajador
(Que ha salido de la fábrica) ¡Un Lenin es lo que nos vendría bien!

El otro trabajador
Pues Leviné lo es.

El trabajador mayor
(A Olga, que se queda un momento sin saber qué hacer) Son todos gente de estudios, ¿no?

Olga
   No todos. Somos un grupo... peculiar.

El aprendiz
   ¿Cómo es Toller?

Olga
   ¿Cómo que cómo es?

El trabajador mayor
   ¡No pongas a la señora en apuros!

Otro trabajador
   ¡Es un estudiante! ¡Eso lo dice todo!

Olga
   (Quiere marcharse) Tengo que ir a echar una mano a los chicos.

El trabajador mayor
   Los trabajadores no te van mucho que se diga, ¿eh?

Olga
   (Se queda parada) ¿Pero por qué lo dice?

El trabajador mayor
   Yo eso lo noto.

Olga
   ¡Oiga! ¿Para qué cree que estamos pegando carteles?

El trabajador mayor
   Así que tú también estudias.

Olga
  Sí, Química y Física.

El trabajador mayor
  Así que habrás estudiado que el hombre viene del mono.

Olga
  (Ríe) Algo por el estilo, sí.

El trabajador mayor
  Yo también he leído libros de Biología. "Vida germinal", del profesor Schmidt.

Olga
  No conozco ese libro, lo siento.

El trabajador mayor
  Trata de reproducción y todo eso.

El aprendiz
  (Sin mirar a Olga directamente) Ésta está a favor del amor libre.

Olga
  ¿Qué entiende usted por amor libre?

El aprendiz
  Las estrellas de cine.

> *(Olga ríe.*
> *El aprendiz sin hacer el más mínimo gesto)*

Olga
  Yo incluso he estado casada... ¡un matrimonio burgués como Dios manda! Pero no aguanté.

El trabajador mayor
Entonces su marido debía de estar completamente ciego.

Olga
Yo quería ir a la universidad.

El trabajador mayor
¿Sería uno de esos mandamases de la industria?

Olga
Tenía una industria química en Renania.

> *(El aprendiz manosea un puñal pequeño y afilado, que se pasa por la palma de la mano)*

El trabajador mayor
¿Una fábrica? ¿Y ahora anda usted por ahí con esos pantalones? ¡Más le hubiera valido quedarse!

Olga
¡Cómo puede decir algo así!

El trabajador mayor
Deja, me conozco la vida.

Olga
Pero es que su actitud me parece simplemente triste.

El trabajador mayor
¡Yo iba justo detrás de Eisner, durante la revolución! ¡Desfilando por la Theresienwiese! No sé si te dice algo...

Olga
¡Y ahora habla usted como un burgués!

El trabajador mayor
Todo en este mundo se reduce a una cuestión de dinero, ¿sabes?

Olga
¡Cuestión de dinero! ¡Cuestión de dinero! ¡No simplifique tanto las cosas! ¡Reflexione un poco!

El trabajador mayor
Nosotros no hemos ido a la universidad, ¿sabes?

Olga
(Con vehemencia) Pero, ¿no le ha llamado la atención que desde que acabó la guerra algo se mueve en Europa... todos los conceptos y las ideas de antes se van al garete? ¿Es que no se dan cuenta? ¡Cuestión de dinero! ¡Así es como pensaba la burguesía, mis padres! ¡Pero ahora hay que cortar con eso! ¡En Rusia: Lenin! ¡Me saca usted de mis casillas! ¡En Hungría: Bela Kuhn! ¿Es que no se entera usted de lo que está pasando? Y aquí, nosotros...

El aprendiz
¡Mira!

(De repente le enseña la mano, está sangrando. Se ha clavado el puñal en la palma de la mano)

El trabajador mayor
¡Está sangrando!

El aprendiz
(Sonríe irónico) Es cuestión de práctica.

(Olga va a vendarle la mano con el pañuelo, el

aprendiz la aparta, y se la pasa por la cara, que acaba toda manchada de sangre)

Olga

(Molesta y asustada) ¡Pero piénselo usted bien...!

(Los demás estudiantes han acabado ya la pegada de carteles, la enorme inscripción llena el escenario: SOLIDARIDAD. Se llevan las bicicletas)

El estudiante

(Grita) ¡Olga, venga! ¡Seguimos! ¡Nos vamos a la Krauss-Maffei!

Olga

(Intenta despedirse con camaradería, pero sin acabar de conseguirlo) Bueno, pues, camaradas...

Un trabajador

(Les sigue con la vista) ¡Dentro de dos años serán abogados y doctores y a nosotros nos habrán colgado! ¡Con su solidaridad! ¡Estudiantes!

(Un banco. El comisario popular de Hacienda, Maenner, antiguo empleado de banca, le explica al director del banco cómo se implantará la nueva moneda según la teoría de la desaparición del dinero de Sylvio Gesell)

Maenner

La nueva moneda, señor Director –la libremoneda– se emitirá en billetes de 1, 5, 10, 100 y 1000 marcos. Por otro lado, habrá además moneda subsidiaria en hojas perforadas. *(Extrae un billete de su maletín)* Como los sellos de correos. Uno recorta el importe fraccionario hasta el valor de un marco: 10 céntimos, 20 céntimos, 30 céntimos, 40 céntimos. *Lo recorta.*

El director

Ahora lo recuerdo... ¿no estaba usted en el departamento de créditos?

Maenner

Cada semana la libremoneda pierde valor nominal de manera automática, por cuenta del tenedor en cuestión. El portador del billete de libremoneda deberá ir reponiendo continuamente el valor de éste, pegando al dorso estampillas de moneda subsidiaria. *(Hace una demostración)* Este billete se ha completado mediante estampillas de menor valor hasta el 10 de agosto. Como es natural, el portador de este billete no querrá perder dinero, así que tratará de deshacerse de él tan pronto como le sea posible. Si lo conserva en su poder, pongamos que hasta el 10 de septiembre, tendrá que añadir un total de 50 céntimos... es decir, tendrá que pegarlos nuevamente en el billete de 100. En el futuro no será el banco el que dé el dinero, señor Director. Para ese fin existirá en lo sucesivo una Administración Monetaria. La Administración Monetaria adaptará el gasto de libremoneda a las condiciones del mercado, de manera que los precios se mantengan estables. Si los precios tienden a la baja, pondremos más dinero en circulación y si los precios presentan una tendencia alcista, retiraremos dinero. Porque los precios, señor Director, dependen exclusivamente del monto de dinero ofrecido. En resumen, el dinero perderá ahora su capacidad de producir intereses y descenderá al nivel de mercancía y trabajo, ¡eso implica que se acabó la especulación bursátil! ¡Se acabaron los usureros capitalistas! El dinero se mantiene continuamente en circulación y todo excedente se transforma de inmediato en medios de producción, viviendas, etc. sin considerar el rendimiento. ¡Se acabó el afán de lucro, señor Director! ¡Y eso implica que nuestro sistema elimina las causas económicas que llevan a las guerras! ¡Eliminamos la guerra! La Administración Monetaria Nacional, de próxima creación, no hará operaciones bancarias. Por no tener, no tendrá ni ventanillas de atención al público, ni cajas de caudales. Nuestra libremoneda se imprimirá en la Imprenta Nacional. La emisión y el canje se efectuarán a través de las Cajas de Ahorros del Estado. La Oficina Estadística fijará los precios. Todo tiene mucha lógica, señor Director. Se necesitará a alguien que lleve el dinero de la Imprenta Nacional a las Cajas de Ahorros del Estado y a otra persona que incinere el dinero que los organismos fiscales hayan retirado de circulación por razones de política monetaria. Eso es todo lo que necesitamos, señor Director: una imprenta y un horno. Ya no es usted necesario, señor Director.

(Claustro de profesores)

Primer miembro del Consejo estudiantil
Krüsche dice que si los rojos suspenden la actividad de los institutos, tendremos que ponernos inmediatamente a disposición de la Iglesia, sin importar lo más mínimo cuál sea nuestra ideología. En pro de los institutos confesionales. Entonces el clero y la educación serán de nuevo una misma cosa, como en la temprana Edad Media.

Segundo miembro del Consejo estudiantil
Esta mañana me han dicho que se ha dado orden de

abrir las cajas fuertes de los bancos.

Tercer miembro del Consejo estudiantil
Yo ahí no tengo nada, unos cubiertos, nada más.

Primer miembro del Consejo estudiantil
¡Y con eso pretenden armar al ejército Rojo!

(Risas)

Cuarto miembro del Consejo estudiantil
Sea como sea, los funcionarios no podemos ir ahora a la huelga. Eso es precisamente lo que están esperando los rojos.

Tercer miembro del Consejo estudiantil
"Cuarenta montañas repetían como otros tantos ecos el infernal estruendo que se oía a mi alrededor".

Cuarto miembro del Consejo estudiantil
¡Expresión! ¡Exaltación adolescente! ¡Toller y el todo!

Tercer miembro del Consejo estudiantil
Schiller, *Los bandidos*.

(Comisaría de policía. Centinelas con brazales rojos. Un hombre fino mayor, con un abrigo parecido a un caftán, espera en un banco sentado)

El hombre del banco
¿Quiere que le cuente una historia?

Miembro de la Guardia Roja
(Limpiando su fusil) ¿Política?

El hombre del banco
  Bueno... una historia muyyy bonita.

  (Miembro de la Guardia Roja sigue limpiando su fusil sin decir palabra)

  Bueno, estaba una vez invitado en la finca del señor barón de Zaloziecky, un caballero exquisito, el señor barón...

Miembro de la Guardia Roja
  ¡A la mierda el barón!

El hombre del banco
  ¡Le pido disculpas humildemente!

  (Tras una pausa)

  Voy a contarle una historia, estaba yo sentado tomando el fresco una hermosa noche de verano, muy hermosa, muy tranquila, en esto que llega un criado corriendo y gritando: ¡Los cerdos han desaparecido! Eran unos 150. Y bueno, pues imagínese, vamos a mirar al establo: no están. Vamos a mirar al jardín: tampoco. Vamos a mirar al bancal: nada. Bueno, y por allí estaba ya todo oscuro como la boca del lobo. Y al señor barón von Zaloziecky, que por lo demás es un hombre muy sereno, le entró mucho miedo, porque valían mucho dinero, no miento, siete mil rublos. Pero el coronel Malakoff, que es íntimo amigo del barón von Zaloziecky, le dice para tranquilizarlo: ¡querido amigo, tú fíate de tu coronel Malakoff! Y entonces se enfrasca en preparar una acción militar, "una estrategia", así lo llamó él, de cómo coger a los animales: a caballo. Yo también tenía que ir a caballo.

Cada uno galopaba en una dirección, unos hacia acá, otros hacia allá, ésa era la estrategia del señor Coronel. ¡Bueno, ya me dirá, un Coronel será bastante más listo que ochenta cerdos! ¡Les ganará en inteligencia! Estuvimos cabalgando tres o cuatro horas en mitad de la noche. Qué quiere que le diga, de repente veo una luz, una fogata en la finca, lo que quería decir que los cerdos han vuelto al establo. Bueno, gracias a Dios, cabalgo yo también de vuelta. Y ahí están, los cerdos, y el señor Coronel, también de vuelta, a caballo... imponente. Pero, ¿quién ha dado con ellos? El señor Coronel no, y el señor barón von Zaloziecky tampoco, ni nadie que siguiera la estrategia del señor Coronel... Boris es quien dio con ellos. Y ¿quién es ese Boris? Según me contaron, Boris es un retrasado. Un retrasado que no sirve para nada sensato. ¿Y cómo es que dio con ellos?, le preguntaron, ¿cómo es posible? Bueno, dice Boris, pues fui al establo, me eché sobre la paja, cerré los ojos y simplemente imaginé. ¿Imaginaste? ¿Qué imaginaste, Boris? Y contesta: Me imaginé que si fuera un cerdo, y hubieran dejado salir a las bestias del corral, ¿adónde me gustaría ir? ¡Pues al río! Y Boris fue al río y allí estaban. Ya ve, señor teniente: la estrategia del señor Coronel y la de Boris.

En el montaje para televisión realizado por Peter Zadek, se incluyó el siguiente diálogo entre coro y voces, sacado de "Hombre-masa":

Voz
  ¡La masa es lo que importa...

Coro
  ...no el ser humano!
  ¡Tú no eres nuestro héroe!

Voz
  Cada uno porta la enfermedad...

Coro
  ...de su procedencia...

Voz
  ...los estigmas burgueses...

Coro
  ¡Tú!
  ¡Falsas ilusiones y debilidad!

Toller
  (Voz) ¡No amas al ser humano!

Coro
  (Dividido en dos grupos, va diciendo las siguientes oraciones de forma consecutiva y en crescendo)

¡La doctrina ante todo!
¡Amo a los que vendrán!

Toller

(*Voz*) ¡El ser humano por encima de todo!

Toller

(*Coro*) Sacrificas...

(*De nuevo en dos grupos, consecutivamente*)

...por la doctrina...

Coro

(*Interrumpe*) ¡Pero tú traicionas a la masa!

Segunda voz

¡Pero tú traicionas a la masa!

Toller

(*Coro*) ...¡a los de ahora!

(*Pausa.
Coro comienza su salmodia*)

Toller

(*Dos voces, una tras otra*) ¡No amas al ser humano!

Tercera voz

(*Mientras el coro sigue con su salmodia y las dos veces repiten varias veces su frase*) ¡He de sacrificarlos por la doctrina! ¡Pero tú traicionas a la masa! ¡Traicionas la causa! Pues hoy hay que decidirse. Quien vacile, quien no se decida...

Toller
>   *(Voz)* ¡No amas al ser humano!

Toller
>   *(Coro, mientras las voces repiten la frase "¡No amas al ser humano!")*
>   Traicionaría a las masas
>   si exigiera la vida de un ser humano.
>   ¡El culpable sólo puede sacrificarse a sí mismo!
>   ¡Escucha: nadie puede matar a otros!
>   Traicionaría a las masas
>   si exigiera la vida de un ser humano.

Toller
>   *(Juntos coro y voces)*
>   ¡No amas al ser humano!
>   ¡Escucha!
>   *(Continúan en dos grupos, consecutivamente y en crescendo)*
>   ¡No amas al ser humano!
>   ¡Escucha: nadie puede matar a otros!

Todos
>   *(Juntos)* Escucha: nadie...
>   ¡Escucha! ¡Escucha! ¡Escucha!
>   ¡Nadie puede matar a otros!

FIN

EL JARDÍN PROHIBIDO.
FRAGMENTOS SOBRE D'ANNUNZIO

PRÓLOGO

Pájaros vocingleros, que irrumpís en mi habitación para molestarme con vuestro revoloteo, ¿qué queréis? Ya al oíros en el jardín me aparté del camino. Y ahora estoy aquí sentado a la mesa, escribiendo, tratando de recordar. ¡Callad! Doy unas palmadas para espantaros... ¡Dejad de revolotear! ¿Qué haces picoteándome en la mano, sinvergüenza? Ella apunta en un papel, apunta palabras y hechos. Soy el condottiero[11]. Quién si no habría de inmortalizar los acontecimientos que amplían la memoria de la enmudecida humanidad para que pueda alzar la cabeza hacia el cielo: ¡mirad, de todo esto soy capaz! ¡A tal punto llega mi valor! ¡Soy así de ocurrente! ¡Vuelo sobre el mar, veloz como el viento! ¡Transformo las palabras en una llama que azota las ciudades! ¡Desde los abismos de la oscuridad agarro el diamante, de un frío abrasador! Dioses, os veo envejecer y morir, en cambio yo... ¡sigo joven! ¡Intacto! Tan sólo una pequeña callosidad en el dedo corazón: de escribir. ¿Os da risa? He anotado el triunfo de la vida sobre la muerte. ¿Acaso estoy loco? Pájaros, dejad ya de revolotear sobre mi cabeza. ¡No pasaréis volando por encima de mi muerte! ¡Volad hacia los muertos, pájaros de mal agüero!

El niño yace muerto ante la alta muralla, en medio de un charco de sangre. ¿Quería acaso trepar a lo alto de la tapia y, al soltarse arriba una piedra, resbaló y cayó a la calle? Hay unas cuantas piedras junto al cuerpecito sin vida. ¿O le han

---

11. En italiano en el original (N.T.)

apedreado cuando estaba en lo alto de la tapia para echar una ojeada desde arriba en el jardín prohibido?

IO HO QUEL HO DONATO

La cúpula del pomposo mausoleo aún no está acabada, y sin embargo ya muestra signos de deterioro. De los pilares y arcadas se han desprendido grandes fragmentos del revestimiento de mármol, por el suelo hay trozos rotos. La bóveda, que tiene pintado un cielo azul oscuro estrellado, presenta una grieta, quebrada y violenta como un rayo, que parece que va a partir todo el edificio en dos. Las hornacinas y los pedestales de las estatuas están vacíos, los muros someramente enfoscados. Del suelo de hormigón sobresalen varas de hierro oxidadas, torcidas. Charcos de agua. Un mazacote de hormigón con una plancha de mármol encima, haciendo las veces de altar. La única puerta que hay en la pared de atrás no tiene picaporte y está cerrada con clavos, el resto de la sala está abierta por todo alrededor. Entre las columnas, los árboles y setos y caminos del jardín descuidado.
En la sala reina un silencio absoluto.
En una silla plegable reposa un señor mayor, de cuidado atuendo, con una maletita plana de madera en el regazo. Sus grandes y pálidas manos reposan significativamente una junto a la otra sobre la tapadera de la caja. Parece como si no se percatara de las otras personas que están en la sala. Un campesino corpulento se ha sentado en un saledizo del muro, junto a él está su hijito, con una funda de violín aprisionada entre las piernas. Una joven muchacha, muy hermosa, con una sonrisa remolona que no desaparece nunca

de sus comisuras, está sentada sobre un pedestal en una de las hornacinas. Un joven, de cuclillas en el suelo; manosea nervioso una bolsa de plástico, parece muy tenso, como si de un momento a otro fuera a levantarse de un brinco y echar a correr. En una de las dos sillas del jardín, delante de un pilar está sentada una anciana. El rostro devastado, mugrientos mechones de pelo color rojo fuego; lleva un maletín grande y abollado, cruzado en bandolera sobre el pecho con una cinta de cuero. Una chaqueta de lana cruzada, pantalones de hombre, con una pernera vacía y sujeta arriba con un imperdible. En la otra silla del jardín, junto a ella, hay dos toscas muletas de madera. De pronto, en medio del silencio, chilla la anciana: - ¡Ya te veo! ¡Veo los destellos de tu ojo!

El joven
    ¿Dónde?

La anciana
    ¡En la cerradura!

El hombre elegante
    ¡Tonterías! ¡No dice más que tonterías!

La anciana
    ¡Conozco muy bien ese ojo! ¡Sigue ahí! ¡Sigue mirando impasible! *(Y señalando a la muchacha sonriente, chilla)* ¡Él ha descubierto una pepita de oro! ¡Una pepita lisa, redonda, dulce, quiere comérsela, devorarla!

> *(Se levanta de un brinco, agarra las muletas, pero con las prisas y la rabia, se le caen las toscas muletas, se tambalea sobre la pierna, tiene que buscar apoyo en el respaldo de la silla, coge la silla vio-*

lentamente y la va arrastrando consigo mientras a saltos se dirige hacia la puerta. No le alcanzan las fuerzas y se queda parada en medio de la sala, respirando con dificultad, se inclina hacia delante, escupe con rabia hacia la puerta)

¡Te escupo en el ojo abierto!

El hombre elegante
¡Contrólese, mujer!

La anciana
¡Ahora ya te he cerrado el ojo con pegamento! ¡Ya no ve nada! El ojo mira fijamente, pero él sólo ve una flema! ¡Ya no ve relucir la pepita de oro!... ¡Ahora se va dando grandes zancadas con esas piernas delgadillas!

El hombre elegante
Pero yo no oigo pasos.

La anciana
¡Es que tiene pies voladores!

La muchacha sonriente
(Le ha hecho gracia y repite) Tiene pies voladores...

La anciana
La pepita de oro, la hermosa jovencita... bella como para derramarle rosas por encima...

El campesino
(Dando a su hijito un empujón, que mira embobado a la anciana) ¡Ahí está la puerta! ¡Por ahí es por donde entra!

El hombre elegante
No, no, no. Esa puerta no se abre nunca, ni desde dentro ni desde fuera.

(El joven se levanta, va hacia la puerta)

El hombre elegante
Ya ve que se ha desmontado el picaporte. No quiere que se le sorprenda. Me hará llamar. Su secretario, el señor Laude, vendrá y me hará pasar a su presencia.

El joven
¿Pero qué hay detrás de la puerta?

La muchacha sonriente
¿Tal vez banderas, guirnaldas, coronas de laureles?

El campesino
Mi hijo Emilio tiene doce años. ¡Sabe tocar muy bien el violín! Tanto, que se asustaría.

El hombre elegante
Ah, ¿sí? ¿Por qué habría de asustarme si toca bien? *(Pregunta el hombre elegante con sorna)*

El campesino
No lo sé. Pero así es.

El hombre elegante
Yo sólo me asusto cuando alguien toca desafinado...

El campesino
(Niega tozudamente con la cabeza) Él toca muy bien.

El hombre elegante
 ...o cuando el tono se lamenta, ¿se lamenta?

El campesino
 Él toca muy bien.

El hombre elegante
 ...o cuando el tono es disonante, ¿es disonante?

El campesino
 Él toca muy bien.

El hombre elegante
 ¿Y entonces por qué afirma que se asusta uno?

El campesino
 No lo sé.

El hombre elegante
 ¿Qué cancioncilla sabe tocar?

El campesino
 En nuestro pueblo nadie tiene tan buen oído como él, nadie sabe apreciarlo. Me aconsejaron que viniéramos a hacerle una visita para que él le oyera tocar.

El hombre elegante
 ¿Ah, sí? ¿Eso le han aconsejado? Me sorprende.

El campesino
 (Asustado) ¿Está sordo?

La anciana
 (Grita) ¡Sí, está sordo!

El hombre elegante
   ¡No, no está sordo! Pero casi nunca recibe a nadie, ¡excepto a mí!

El joven
   ¡Yo sí entraré!

El hombre elegante
   (Niega con la cabeza) No lo creo. –La muchachita quizá...

La muchacha sonriente
   Yo me quedo aquí sentada.

El hombre elegante
   ¿Y entonces por qué ha venido usted con nosotros?

El campesino
   Esperemos que no esté sordo.

El hombre elegante
   (Ahora examina detenidamente al joven con la mirada) Ahora que lo miro... su chaqueta... ¡qué rara! No me he dado cuenta hasta ahora: no es de tela... ¡pero si es ceniza! Puede que si se toca, se deshaga.

La anciana
   ¡También se ha quemado los pies! ¡En la parrilla! ¡Ha mentido, por eso tuvo que andar sobre la parrilla candente y se ha quemado!

El hombre elegante
   ¿Un castigo divino?

El campesino
   Muchas veces las personas mayores dicen que oyen, sí,

pero luego es que no. No quieren oír. Escuchan con atención el sonido del violín y dicen: es el viento lo que sopla.

El hombre elegante
¡Sólo me dejan pasar a mí!

El campesino
Él es un genio, y mi hijo Emilio también es un genio. Por eso mismo lo he traído hasta aquí. Pero si está sordo, ¿cómo se supone que oirá?

(La anciana se ríe con grandes chillidos)

El hombre elegante
(Extrae un papelito del bolsillo) Dice: su última composición perfumística me sumió en el día de ayer en una gran inquietud. La he denominado "El calor del momento".

La anciana
(Grita) Déjame que huela el frasquito, ¡apestoso!

El hombre elegante
A veces me manda un telegrama en mitad de la noche: ¡Venga! ¡Le necesito!

La anciana
¡Apestoso!

El hombre elegante
¡Tiene una nariz tan exigente, una sensibilidad tan grande! Llevo treinta años intentando convencerle para asociarnos en el negocio perfumístico, pero por desgracia, hasta ahora siempre se ha negado. *(Abre la caja de made-*

ra, saca un frasquito) Esta composición mía la ha llamado "Salammbò". Y esta otra la llama "El dulce aroma del hermoso cadáver". A estas tres todavía no les ha puesto nombre. Se las he traído hoy. Unas gotas en el pañuelo, en la almohada, en la esponja de baño...

La muchacha sonriente
 ¿Qué cadáver?

La anciana
 ¡Ay, muchacha hermosa! ¿Te importa que te coja, niña? ¡Del bracito, del bracito...! ¡Ay, qué carne tan hermosa! ¡Tan firme y tan tierna! ¡Y esos hombros! ¡Ay, y los pechos, déjame también que te los toque!

(La muchacha sonriente se deja hacer con desgana)

La anciana
 ¡Ay, y ese pelo, tan largo y hermoso! ¿Es auténtico?

(Rápida como el rayo tira a la muchacha sonriente del largo pelo)

El joven
 (Al hombre elegante) ¡Dicen que él fue quien inventó el saludo fascista!

(El hombre elegante asiente con la cabeza)

La anciana
 Ahora pongo yo la cabeza y tú tiras del pelo, ¡tira, tira!

La muchacha sonriente
 ¡Que no!

La anciana
    Bueno, pues entonces me tiro yo misma, ¡fíjate bien! *Se tira con fuerza de sus rojos mechones,* –¡Mira, mira! *(De un tirón se arranca la peluca de la cabeza y cuando la muchacha sonriente se asusta, ella chilla)* ¡Calva!

        (El hijito se ríe, estalla en carcajadas. El campesino le da un capón)

El joven
    ¿Y cómo es ese saludo?

El hombre elegante
    Era un grito.

El joven
    ¿Un grito? Ah...

El hombre elegante
    Sí, un grito.

El joven
    Interesante.

El hombre elegante
    Hacía que temblaran las paredes. ¡Era un grito de guerra!

El joven
    ¿Aún se acuerda?

El hombre elegante
    Sí, sí, me acuerdo perfectamente.

El joven
 ¡Grite!

El hombre elegante
 No, no... hoy sería ridículo... y yo... como individuo aislado... siempre eran diez mil...

El joven
 ¡Venga, grite! ¿Con qué era, con U o con A? ¿Cómo era su grito de guerra? *(De repente muy agresivo)* ¡Vamos, grite!

La muchacha sonriente
 ¡Pero si ya gritas tú!

El hombre elegante
 ¿Es usted fascista?

El joven
 No, ¿por qué?

El hombre elegante
 ¿Espera acaso un mensaje? ¡Para escribirlo luego por las paredes!

La anciana
 ¡Ven acá, jovencito! Te voy a dar yo un mensaje.

 (El joven se vuelve hacia ella, sorprendido)

El joven
 ¿Qué es lo que sabe usted? *(Le pregunta, mirándola fijamente a la cara, devastada y con una media sonrisa)*

El hombre elegante
>Joven, usted echa de menos el influjo marea cambiante del entusiasmo, su corazón está demasiado tranquilo... nada se mueve... ¡busca un mensaje!

La anciana
>¡Ven que te lo diga al oído, ven! *(Le grita al oído)* ¡Esto es un depósito de cadáveres! ¡Una fosa!

El hombre elegante
>*(Grita)* ¡Uy, uy, uy!

La anciana
>Ese de ahí, el señor fino, ése viene aquí con sus aromitas, pulveriza y esparce sus aromitas, ¡porque el cadáver apesta! ¿No hueles nada?

El hombre elegante
>*(Grita)* ¡Uy, uy, uy!

La anciana
>¡Aléjate de aquí, jovencito! Llévate a tu prometida y desaparece, si de verdad la quieres.

El joven
>¿Mi prometida? Yo no la conozco de nada.

La muchacha sonriente
>¡Mirad... ahí pasa un gallo!

>>*(Fuera, a la luz del sol, se ve un enorme gallo de brillantes colores)*

La anciana
  (Canta con voz ronca)
  Oh, rosa sonrisa
  variada
  tu amado
  ya es viejo
  Su ala cayó
  desde el cielo
  Oh, rosa sonrisa
  tumba de rosas
  Tu sonrisa, rosa,
  hermosamente rosa
  veo en el jardín
  tres sombras de pie
  Sonríes, rosa,
  de color rosa
  vino tu amado
  tu amado murió.

(El joven ha salido corriendo hacia el jardín)

EL GALLO

El enorme gallo avanza por el salón desierto con su irisado plumaje desplegado. En el silencio reinante se oye el fino ruido de sus garras al rascar el suelo de parquet. El gallo se estira sobre la ametralladora de la biblioteca. El gallo sobre la consola. El gallo sale al jardín por la ventana batiendo las alas. El joven sale corriendo tras él. El gallo por entre los papeles del escritorio. Junto a la ventana está Dannunzio, mirando al lago.

-Questo crude sole fa paura alla mia vecchiezza.

De repente el gallo vuelve la cabeza y mira fijamente con un ojo al hombre de la ventana.
El gallo se posa en la cabeza de mármol de Apolo.
El gallo despedaza a la serpiente.

ZAFIRO ESTRELLA

-¡Óyeme, poeta, estoy en tu jardín! ¡Estoy en tu escenario, donde querías representar tus tragedias! ¿Dónde están tus actores? ¿Duermen todavía? Es tan temprano que la niebla aún cubre el círculo pétreo de tu teatro. ¿Dónde estás? Con la niebla no te puedo ver. ¡Pero puedo oírte, amigo! Hay tanto silencio que hasta puedo oír el rascar de tu pluma sobre el papel. Amigo de las tragedias, ¿describes ya mi ocaso? ¡Es también el tuyo! ¿Lamentas mi callada muerte? Poeta, hemos pedido aplausos al mundo entero y nos ha aplaudido. Tú has oído en el jardín cómo me aplaudían, a mí, ¡al *Duce!*
-¡Dame el ojo!, grita Dannunzio contrariado. Encogido en medio del anfiteatro vacío, aterido, calentándose las manos con el aliento.
-Me han cogido y maniatado.
-¿Ah, sí?, se burla Dannunzio, ¿te han cogido? ¿Y por qué no te has escondido?
-¿Y dónde? Ya no tenía dónde esconderme.
-Tú fuiste quien fundó el imperio. ¡Ahí estabas a salvo!
-Pero el imperio fue haciéndose cada vez más pequeño... hasta ser tan grande como mi *palazzo*... y aún más pequeño... como mi habitación... como mi armario... me escondí en el cuello de mi abrigo. Al final el imperio tenía el tamaño de mi cabeza. Y me reconocieron.
-Ya. ¡Y te reconocieron!, se burla Dannunzio.

-Por todos lados había carteles de busca y captura... en todas las paredes, en todos los periódicos había órdenes de busca y captura, en todas las postales había pegado un cartel con mi cabeza.

-Porque eres un criminal.

-¿Qué delitos vas a echarme en cara?

-¡Devuélveme el ojo!

-Mis hazañas eran los versos de tus poemas.

-¡Mi ojo destelleante! ¡Mi zafiro estrella!

-Los guardas aún duermen, pero pronto se levantarán de un brinco, me cogerán y me llevarán.

-¡Sí! ¡Te llevan con los bastidores rotos! ¡Con los trastos!

-¡Me van a matar!

-¡Ya! ¡Pues entonces ya no necesitas el ojo! ¡Devuélvemelo!

-Ya se han despertado, ¡ya vienen!, grita el *Duce*.

-¿Quiénes son tus jueces? ¿El de negro de la cabeza de perro o el de gris de la metralleta en la mano?

-Los dos. He caído en manos de los dos.

-¡Y yo también soy tu juez! Has abusado de mi ojo.

-¡Ayúdame!

-¡No, cantaré una elegía a mi ojo!

Canta:

> Me arranqué el ojo,
> te lo regalé. Me senté en la cuenca
> ensangrentada de mi ojo, yo, el poeta,
> ciego, no vi venir
> la aurora. ¡Dame el ojo!
> Quiero ver la luz blanca,
> que te mata. ¡Que a mí me ilumine!

-¿Quién está gritando así?

Ahora están ahí los dos guardas: el hombre de civil, que lleva el brazal de los partisanos, apuntando con la metralleta, al lado el hombre de las SS con cabeza de perro.

Disparos y ladridos.

-¡Vamos! ¡Dame el ojo, antes de que te maten!, grita Dannunzio, salta, sombra que se revuelve en la niebla, baja los escalones de hormigón vacíos, trepa ágilmente sobre el escenario, corre hacia el *Duce*.

-¡Mi zafiro estrella! ¡Mi ojo! ¡Has abusado de su brillo! ¡No quiero que lo sotierren junto contigo!. Dannunzio arremete con la cabeza contra él, el *Duce* cae.

-¡Traidor! –dice Dannunzio jadeante. Pelean– ¡Has echado a perder mis versos, has destruido mis ideas! Ruedan por el suelo, sujetándose fuertemente el uno al otro, el anfiteatro devuelve el eco de las risas de los guardas, de la algarabía de los espectadores invisibles.

Un agudo sonido de cristal. Algo reluciente rebota sobre el suelo de hormigón, y sigue botando sobre el escenario, dibujando arcos brillantes. ¡Mi ojo! Dannunzio corre tras él agachado, bajando las escaleras hasta el foso de la orquesta. Lo va a atrapar, trata de agarrarlo. ¡Mi ojo! Ahí está: en la rendija de los tablones. ¡Mi joya! Sostiene en alto el valioso objeto con cuidadosos dedos, le da la vuelta, a la luz del día, le echa aliento y lo frota luego suavemente con su pañuelo de seda. ¡Qué mate se ha vuelto y qué arañado está!

-¡Ladrón... charlatán... inútil... viejo pelele!, va renegando enfadado. ¡Se te han llevado... pues mejor! ¿Qué pintaba él aquí? ¿Y qué me importa a mí que haya incendiado ciudades, que la gente le odie? ¡Delincuente..., arruinado! ...¡Ese olor a miedo que desprende!

¡Qué peste deja en mi jardín cuando se va! Se tapa la nariz con el pañuelo de seda, mientras, con la otra mano, se sacude la chaqueta y el polvo de hormigón de los pantalones. Se arregla el cuello. Poco a poco se va tranquilizando, disfruta de la hermosa mañana y desciende con paso elástico por el paseo.

De repente el jardín se llena de gente. Se aglomeran en los

caminos, abordan el mausoleo, trepan a las copas de los árboles dando gritos, derriban columnas, tiran las voluminosas granadas oxidadas de los pedestales, sacan cestas de picnic, golpean contra los tablones del barco. Colegiales que gritan, soldados, partisanos, turistas con sombreros de paja y cámaras de fotos, veteranos ondeando banderas... cada vez más personas se arremolinan para entrar y saltan la tapia.

—¡Este es mi jardín! ¡Cuidad mi jardín!, grita Dannunzio. Pero no se puede oír su voz. El jardín está lleno de gritos y chillidos y detonaciones.

MONÓLOGO

Como el creador de un viejo baile de muertos, que reúne en sus frescos las cosas buenas de la vida —dice Dannunzio— he sumergido la miseria y el conflicto del que ha de morir en luz, música y nobles aromas y rodeado su mortal pugna de las más arrobadoras visiones, he extendido bajo sus torpes pasos una alfombra de espléndido colorido. Ante los ojos del moribundo, una hermosa y voluptuosa mujer come cuidadosamente la carne de una fruta madura, cuyo jugo le cae, como miel, por las comisuras de su ávida boca —*terribilis ut castrorum acies ordinata*—, terrorífica, como un ejército en pie de guerra.

NIÑO 1

Dannunzio halla al niño junto al estanque de las danzas, que se encuentra seco y lleno hasta el borde de guijarros y piedras de río.

-¿De dónde eres?

El niño calla.

-¿Has entrado a gatas por algún hueco de la tapia?

El niño agacha la cabeza y asiente.

-¿Hay un agujero en la tapia?

El niño niega con la cabeza.

-¿Has subido por arriba?

El niño asiente con la cabeza.

-¿Dónde?

El niño señala tras de sí hacia la tapia.

-¡Hay una cuerda colgada en la hiedra! ¿La has lanzado tú para acá?

El niño niega con la cabeza.

-¿No? ¡Pero al final hay atados unos calcetines rojos! ¡La cuerda no era lo bastante larga! ¡Son tus calcetines!

Golpea al niño con la fusta en las piernas desnudas.

-¿Qué se te ha perdido en mi jardín?

-No lo sé.

-¿Ibas a robarme?

El niño lo mira fijamente, no responde.

-¡Seguro que te piensas que por tener un cuerpo ligero como el de un pájaro no ibas a tener obstáculos! ¡Yo puedo trepar tan bien como tú, me resulta muy sencillo! No tengo más que quitarme los zapatos y te lo enseño. Con los pies descalzos se tiene más sujeción.

Se sienta sobre la hierba y se quita los zapatos.

-Hay que atar los zapatos con los cordones y colgárselos del cuello. Así pueden usarse las manos. Luego al otro lado se pone uno los zapatos y puede escapar libremente.

Intenta trepar por la tapia, sujetándose con fuerza a la cuerda, pero la cuerda se vence y derriba las piedras de arriba del muro. Cae de espaldas.

El niño lo mira impasible desde arriba.

Dannunzio trata de levantarse y ponerse rápidamente en pie. En el follaje seco y crepitante no encuentra dónde sujetarse, resbala un poco, se le enredan los zapatos que lleva al cuello; agarra una rama, pero la rama está seca y se rompe, no obstante él la sujeta y por último, dando un giro, consigue saltar y caer de pie.

-¡Te estás riendo! –le dice al niño, que le mira serio– Ahora ya no te ríes, pero hace un momento te estabas riendo.

Estira el cuello hacia delante buscando la sonrisa desaparecida en el rostro del niño.

-¡Laude! –grita– ¡Laude, venga! Usted es mi testigo. ¡Tiene que verlo! ¡Este niño ha roto mi tapia! ¡Ahora está ahí parado riéndose! ¡Mírelo cómo se ríe! ¡Mírelo bien y grábeselo en la memoria!

Con repentino asco chilla:

-Tiene piojos. ¡Su rizada cabeza está llena de piojos! ¡Qué repugnante! ¡Están andando, los veo hormiguearle por la cabeza!

Golpea al niño con la rama, el niño se da la vuelta y sale corriendo. Él le persigue, va tras del niño azuzándolo con la rama seca por el jardín. Los caminos están cubiertos de musgo, por las rendijas de los peldaños semiderruidos proliferan hierbajos y helechos. El viejo corre con agilidad, salta los escalones, le va pisando los talones al niño, le golpea con la rama una y otra vez. Pero hasta que no llegan al camino de guijarros, que lleva hasta la gran cancela de hierro, no saca ventaja el niño; el viejo no puede caminar con sus sensibles pies descalzos, a cada paso que da se dobla de dolor y finalmente se queda de pie parado.

-¡Échelo de aquí, Laude, abra la puerta! ¡Pero no toque al niño: tiene piojos!

Se abre la cancela durante un breve instante. Afuera se arremolina una jauría de niños gritando y saltando.

ORFEO

La niña sonríe. Él le dice que una vez amó mucho a una joven, aquejada de una enfermedad maligna; sin embargo la enfermedad le había ido confiriendo una belleza cada vez más profunda y conmovedora, de modo que él, que amaba su belleza, amó también su enfermedad hasta que murió. La cercanía de la muerte le inspiró un largo poema sobre su belleza y en el salón, durante el velatorio, él le trenzó el cabello con las tiras de pergamino en las que había grabado con una aguja cada uno de los versos. Después iba todas las tardes a su tumba y recordaba su belleza mientras le recitaba versos de su poesía. "Ay, vida!" –le dice a la muchacha sonriente– "¿quién te había amado en la tierra/con semejante locura?" ¡Hermoso verso!, dice él. Rápidamente se pone de puntillas y le susurra al oído:

-¡Soy un genio!

Ella se ríe, porque el aliento le hace cosquillas en la oreja. Pero conforme pasaba el año, se le fueron olvidando palabras sueltas del poema, hasta versos enteros del poema que él le había dado para que se lo llevara con ella a la tumba. Todo ello le causaba gran desesperación. Una fría noche de otoño fue al cementerio para desenterrar el poema. Sobre el montículo de tierra de la tumba se extendía ya la cristalina piel del primer invierno. Había estado cavando toda la

noche hasta la mañana con las manos ensangrentadas.
La muchacha sonríe.

-¿Por qué sonríe usted?

Enterrado a gran profundidad encontró el bello rostro de la amada, terriblemente desfigurado y en estado de descomposición y las tiras de pergamino amarilleadas. Las arrancó del cabello de la muerta, llevado por el miedo de perderlas, con las prisas le arrancó también mechones enteros de su negra cabellera. Y en casa, con las cortinas echadas y a la luz de una lámpara eléctrica, se puso a descifrar las palabras, que iban palideciendo, hasta copiar la poesía entera. Ya que, le dice él a ella, fue escrita para el recuerdo de los vivos, no para que se hundiera junto con los muertos.

Junto a la muchacha sonriente sube por la ancha escalinata, que asciende en el círculo que forman las paredes pintadas, pasando por delante de escenas bucólicas, bacantes que bailan, la cazadora desnuda con el arco, la diosa azul del mar. Él salta ágil los escalones.

-No me importa saltar los escalones de dos en dos o incluso de tres en tres, dice sin aliento. Se adelanta a ella saltando, luego vuelve saltando hacia atrás.

-¡Tengo piernas fuertes, pero finas articulaciones y un pie extraordinariamente pequeño y bien formado!

Estira el pie hacia delante y lo mueve dando vueltas.

-¿Ve?

-Ah, pues sí.

-Mi cuerpo... mi cuerpo... le voy a contar un secreto: ¡Soy invulnerable! Me he bañado en la sangre del dragón, ¿lo sabía?

-No.

-No es ningún secreto, lo ponía en todos los periódicos, se habló mucho de eso. Algunos eran escépticos, pero la mayoría lo creyó de inmediato. ¡Y usted también lo creyó!

-Sí.

-De todas formas, sólo hay un punto vulnerable. ¿Cuál?
-No lo sé.
-¿Le gustaría saberlo?

La muchacha sonríe.

-Adivínelo.

La muchacha sonríe.

-Y si no quiere decirlo, toque ese punto con su linda manita.

Ella toca su frente, él dice que no, su pecho, él dice que no, su pene, él dice que no, su rodilla, él dice que no, su talón, él dice que no, su cuello, él dice que no.

-Se lo diré, ¡me pongo en sus manos!

Le susurra algo al oído. La muchacha sonríe.

-¡Ay, vida! ¿Quién te había amado en la tierra/con semejante locura?

Arriba han aparecido dos ancianas, luego varias, cuatro, cinco, cada vez más. Bajan los peldaños, caminan a escasa distancia de los frescos con representaciones orgiásticas, pasando por la joven ninfa desnuda... viejas vestidas de negro en una procesión que no quiere acabar, algunas con una expresión alelada, otras con rostros desfigurados por el miedo y otras con una risa perversa.

-¡Quién ha abierto la puerta de arriba! —grita Dannunzio— ¡Esa puerta no se puede abrir nunca!. Y a la muchacha sonriente: ¡No mires! ¡Por Dios no mires!

-¿Pero qué le pasa? ¿De qué habla?

Hecho un ovillo sobre un peldaño, cubriéndose la cara con los dos brazos. La muchacha sonriente se apoya contra la pared, la mira sin saber qué hacer. Por fin alza él la cabeza con cuidado. Las viejas han desaparecido.

-¡No sé quién está abriendo la puerta una y otra vez! ¡He mandado poner candados fuertes ex professo y he guardado todas las llaves en mi caja fuerte! ¡Ni siquiera Laude tiene llave! Y sin embargo pasa continuamente.

-¿Qué?

-¡Traidora! —grita Dannunzio— ¡se ha aprovechado de mi pánico! Mientras tenía los ojos cerrados, ha hecho una marca.

-¿Marca, qué marca?

-¡Ha hecho una marca en el sitio, en el sitio vulnerable!

-Ay —dice la muchacha sonriente— se me ha vuelto a olvidar.

-¡No, no se le ha olvidado! ¡Le ha causado gran impresión! ¡No conseguirá engañarme con esa sonrisa suya! Le ha hecho la marca en un visto y no visto.

-¿Pero cómo?

-¡Cómo va a ser! Con una tiza.

-No tengo ninguna tiza.

-Con una madejita de lana de color claro.

-¿Una madejita de lana?

-¡Sí, la ha sacado de la chaqueta, he visto cómo tiraba de la hebra!

-Pero si no llevo chaqueta de lana.

-¡Es la pequeña baya verde de lampazo! Una de las bayas de lampazo con las que estaba jugando antes aparentemente sin cuidado, ¡me la ha tirado a la espalda! ¡Aún la llevo enganchada! ¡Tan ligera que no se siente, pero yo lo sé! ¡En el punto vulnerable, no es casualidad! Tengo que quitarme la chaqueta, para no ponerme a tiro suyo.

-¿De quién?

-¡Del joven que ha venido con usted y con el que quiere traicionarme! Cuando subamos ahí fuera, le hará una señal y él disparará sobre mí.

-¡Pero si no lo conozco de nada!

Se busca entre la ropa una marca secreta, se quita la chaqueta, la camisa. La muchacha sonríe.

-La chaqueta entera está hasta arriba de lampazos. ¡Está todo enredado de lampazos, por todos sitios!

EL PEZ ROJO

-¡Laude, el pez! ¿Dónde se ha metido, Laude? ¿Por qué no viene cuando le llamo? Quería entregarme hoy el pez. ¿Pero dónde está usted? ¡Estoy sentado esperándole! ¿No se habrá vuelto a esconder? Se me han quedado los pies dormidos de llevar sentado tanto tiempo, tengo la cabeza llena de metáforas y hazañas... Laude... no puedo levantarme... lo intento... me he caído, ¡Laude! Tengo que arrastrarme por el suelo, incorporarme con esfuerzo... ¡Sé que me odia! Hace poco, cuando estaba en la bañera, tuvo el descaro de decirme: Se está haciendo viejo, maestro... le tiré la esponja mojada... y entonces se calló. ¡Espera que me muera pronto! ¡Me odia, lo sé! ¡Me conozco todos sus pensamientos! Cuando me muera... al fin será libre, eso cree. Es eso lo que cree, ¿no es cierto? Pero se equivoca, mi muerte no le librará de mí, al contrario, Laude, al contrario. Tendrá que cuidar de mi fama, tendrá que mantener despierto y aumentar mi recuerdo, si no usted no es nadie. Cuando yo muera, me tendrá que llevar a la espalda, tendrá que mostrarme por ahí, alabarme, para que no decaiga el interés por mí. Por supuesto, hará también algunas revelaciones comprometedoras, para vengarse. Pero con eso sólo conseguirá despertar nuevo interés, interés por mí, no por usted, Laude. Todavía no me muero, Laude, usted es el cadáver. ¿Dónde está su vida, Laude? ¿Tiene recuerdos de su vida? No tiene. ¿Hay huellas? ¿Pruebas? No tiene, no hay... excepto el pez del que me ha hablado. Ese pececito rojo de celuloide, ése era el único recuerdo de su infancia, ¿no es cierto, Laude? ¡Eso es lo que me ha contado usted! Su madre puso el pez de celu-

loide en la bañerita y le dejó nadar, y le presionaba bajo el agua para que saltara. ¡Qué gracia nos hacía! Se reía usted de eso, daba palmaditas y se reía. Mi madre también me regaló a mí de pequeño un pececillo igual. Estábamos por entonces junto al lago Lido, de repente me acordé y se lo conté a usted, ¿no es así? Mi recuerdo fue creciendo y creciendo... la pamela de mi madre... la arena fina en las pestañas... despertaron al final sus propios recuerdos. ¡Ya sólo se acordaba usted *de mí!* ¡De *mi* infancia! Dijo usted... ¡Laude! ¡Escuche bien! Dijo conmovido: Permítame que le regale este único recuerdo de mi niñez. Se lo traeré. Eso me dijo usted con voz temblorosa. ¿Y ahora dónde está su pececillo? Parece que lleva buscándolo toda la mañana, sin encontrarlo, ¡Laude! ¿No es así? ¡Es que ya lo tengo yo! ¡Mire!
Saca el pececillo rojo del bolsillo.
Esta noche me colé en su dormitorio, no podía conciliar el sueño, acosado por los recuerdos. Lo cogí del lavabo, ¡allí estaba, junto al vaso para el agua! Usted dormía, estaba ahí durmiendo como siempre, sin soñar. ¡Mire! El pececito rojo de los niños. Se lo he quitado. ¡Y ahora cojo y lo aplasto!
Lo aplasta.
-¡Laude! ¡Laude!, grita la voz de Dannunzio por el jardín.
-¡Aquí! ¡Aquí estoy!, responde Laude, ya con su voz de siempre. Deja de imitar a Dannunzio. Dannunzio le pregunta:
-Laude, ¿dónde está el regalo que me prometió?
Laude dice sumiso:
-Ay, lo olvidé... estaba absorto en mis pensamientos...
Mira el pez de celuloide aplastado que está sobre su mano.

EL BARCO

El jardín susurra. La proa de hierro emerge de entre los cipreses. La tormenta arroja matojos y hojarasca en forma de ráfagas de color verde-plateado sobre la borda y las devuelve de nuevo al jardín espumoso.

-Hablemos del Estado, grita el *Duce* en contra del viento de la tormenta, mientras se sujeta con ambas manos el sombrero sobre la cabeza.

-¡Sí, hablemos del Estado!

Dannunzio aplaude sin hacer ruido con sus manos blancas como la harina. Lleva guantes.

-¡Del imperio que voy a fundar!

-¡Sí, hablemos del imperio!

Dannunzio vuelve a aplaudir

-Resucitarás los ideales de la antigüedad. La *virtus* romana.

Como si de un colegial se tratara, enumera el Duce:

-Industria, dignitas, modestas, pietas.

-¿Y cómo lo harás?

-Me pongo en la plaza, en medio de la gente, y empiezo a hablar.

-De acuerdo, ¿pero te escucharan? A lo mejor te escuchan para reírse de ti.

-¡Eso no lo tolero!

-¿No lo toleras?

Dannunzio se ríe.

-¡Eso lo prohibo!

-¡Me río de ti!

-¡Traidor!

Dannunzio se troncha de risa.

-¡Qué risa, qué risa, qué risa!

El Duce grita:

-¡Basta!

-¿Por qué te da miedo el ridículo? A mí nunca me ha dado miedo que se rieran de mí. Que se rían. Lo único que no puede uno es morirse de una muerte ridícula. –Pero ni siquiera notarán tu presencia cuando estés en medio de la multitud, eres bastante bajo.

-¡Tú también eres bajo!, dice el *Duce* enojado.

-¡Pero yo tengo el ojo! Mi ojo relumbra. Es un zafiro estrella.

-¡A ver!

El Duce se inclina hacia él para mirarle el ojo.

-¡Es verdad, relumbra! ¡Dámelo!

-Soy la envidia de todo el mundo.

Después el Duce, contrariado, se queda en silencio.

-¿Qué te pasa?, le pregunta Dannunzio.

-Si piensas que no me van a ver, tendré que subirme a una tarima.

-¿Quieres que alguien te lleve una caja?, se burla Dannunzio.

-Es por el efecto sobre las masas.

-¡Ponte unos coturnos! ¡Iremos con coturnos, como los héroes clásicos!

-Tú sólo hablas de teatro.

-Sí –dice Dannunzio con orgullo– he escrito tragedias para rescatar con unos cuantos gestos nobles e iracundos algo de belleza y majestuosidad de la arrolladora ola de vulgaridad que nos inunda.

-¡Quiero el poder!

-Por desgracia ya no hay escenario para mis tragedias, los antiguos anfiteatros están ahora en ruinas, lo único que queda son los templos de peluche para divertimento de la burguesía.

-Cuando esté en el poder, te construiré un teatro.

-¡Bien! Un anfiteatro, un círculo de piedra bajo el despiadado cielo.

-¡Arcos de triunfo –grita el *Duce*– columnas, fachadas serias, focos! ¡Torrentes de luz! ¡Tarimas para los coros! ¡Plazas para los desfiles! ¡Micrófonos para lanzar nuestras voces a las ciudades!

-Espera... voy a leerte una cosa que he escrito. La tengo en el bolsillo. Presuroso, Dannunzio se rebusca en todos los bolsillos, pero no encuentra el papel, lo deja estar.

-¿Y qué actores?

-¡Quiero el poder! –grita de nuevo el *Duce*– ¿De verdad piensas que soy muy bajo?

Callan.

-Sin embargo –dice pensativo el *Duce*– las mujeres prefieren a los hombres bajos.

-Sí –asiente Dannunzio– Yo soy bajo, dinámico, elástico, eso les encanta a las mujeres.

-Caruso es bajo, dice el *Duce*.

-¡Y Napoleón!, dice Dannunzio.

-¡Y Julio Cesar!, dice el *Duce*.

-¡Y Casanova!, dice Dannunzio.

-¡Sí! –exclama el *Duce*– ¡pero ÉL tiene que ser alto. De talla imperial!

Dannunzio

¡Como el miembro de Shiva, que como un rayo cayó sobre la tierra desde el cielo! El cerdo macho escarbaba en la tierra buscando el final, en vano. El ganso macho subió al cielo buscando el final, en vano.

El Duce

¡Bueno, oye, no encontrar principio ni final...!

Dannunzio
 ¡Sí! Porque el miembro crecía y crecía.

El Duce
 ¡El imperio! ¡Te refieres al imperio!

Dannunzio
 ¡Mitos, mitos, sin los mitos no somos nada! ¡El falo eterno, el eje candente del mundo!

El Duce
 ¡Todos me verán en esa plaza tan grande! ¡Alzo los brazos!

Dannunzio
 ¡Los dos no! Eso parece más bien una capitulación.

El Duce
 ¡De acuerdo, pues entonces sólo uno! ¡Por encima de la cabeza!

Dannunzio
 ¡Pero no en vertical! ¡Mejor estirado hacia delante!

El Duce
 ¡Sí! ¡Hacia delante, enérgicamente!

Dannunzio
 En diagonal, hacia delante.

El Duce
 ¡En diagonal, hacia arriba!
 ¡Hacia arriba y hacia delante!

Dannunzio
 ¿Y qué les dirás?

El Duce
¡Os redimo! ¡Os redimo de vuestra miseria!

Dannunzio
¡A vosotros, los sinnombre!

El Duce
¡A vosotros, los sinnombre! ¡Os devuelvo la grandeza y la belleza de la vida!

Dannunzio
Si por un milagro estas palabras se transformaran en cosas tangibles, tendría que ocurrir que el hombre pobre, el miserable, profundamente asombrado, creería llevar todo el peso de su propio mundo rural en la palma de la mano, como el globo terráqueo que lleva el emperador en la mano en los cuadros antiguos.
-¡Tened valor!, exclama el *Duce*.

Dannunzio
Su casa de barro, sus herramientas, su pan y las canciones de sus siervos al trabajar duramente, todo eso debería parecer a sus ojos más sagrado que antes. Y si yo fuera a su casa una tarde cualquiera él se alzaría respetuoso, no como ante su señor, pero sí como ante uno que tiene un gran poder, un poder bueno sobre él. Diría: Este poeta me conoce bien y me muestra lo mejor de mí.
-¡Exijo el poder de vuestras manos! ¡Yo os conduzco!, exclama el *Duce*.

Dannunzio
¿Es que no os acordáis ya del dulce sueño que una vez tuvimos? Éramos todos niños; una tarde de septiembre nos sacaron de nuestras camitas unos gritos pletóricos y

fanfarrias: ¡Garibaldi ha tomado Roma!
-¡Adelante!, exclama el *Duce*.

Dannunzio

¡En nuestra pequeña y asustada alma se nos arrojó, junto al rojo fulgurante de las antorchas, el nombre de Roma! Y nuestros maestros nos enseñaron a venerar las sangrientas figuras de los luchadores, y nosotros las mezclamos con las que asomaban por entre las páginas de Plutarco, blandiendo sus armas y soltando chispas en el fragor de la batalla.
-¡Vivid peligrosamente!, exclama el *Duce*.

Dannunzio

¿Por qué se ha vuelto árida y yerma vuestra floreciente juventud? ¿Cómo enfermaron vuestros ojos y no pudieron soportar mirar el sol? ¿Por qué vais hacia allí y cuidáis vuestra tristeza?

El Duce

¡Bien! ¡Espléndido! ¡Pero las frases han de ser lo más breves posible! ¡Entrecortadas! ¡Enfáticas!

Dannunzio

¡No! ¡La fuerza del lenguaje en extensos monólogos!

El Duce

¡La multitud debe contestarme con un grito de asentimiento! ¡Me habéis entendido! ¡Nuestros pensamientos son hechos!

Dannunzio

¿Oyes la tempestad? ¡He despertado a los elementos! ¡Yo! Se sientan inclinados hacia delante, esforzándose por escuchar.

Dannunzio
El grito de los diez mil se mezcla con el bramido de las olas y de la tempestad: ¡uy, uy, uy!

LA DIVINA

Las puertas del armario están abiertas, hay maletas grandes, también abiertas. Entre el caos del vestuario de teatro y la utilería, la Divina intenta, temblando de nervios, recordar en qué drama va a actuar. En los teatros hay ya esperando sentados espectadores vestidos de negro, mirando fijamente el telón. ¿Cómo se titula la obra? ¡Tengo que encontrar el vestido! ¿La túnica clásica o el vestido renacentista rojo? El sombrero de plumas con el velo: ¿de quién oculto mi rostro tras este velo? ¿Para qué actuación? ¿Por qué escaleras debo ir con las sandalias doradas? ¿A quién le arrojo este ramo de flores artificiales, o acaso lo tiene alguien preparado para mí, para comenzar así una historia de amor, que a lo mejor acaba con una muerte violenta? ¿Y la muerte de quién? Este pañuelo, este vaso, esta carta sin abrir... ¡No lo sé, no lo sé! En su desesperación y en su confusión se deja caer sobre la cama y solloza:

-¡No puedo ir de gira, no puedo ir de gira!
-Tienes que ir. Ya se han firmado los contratos, se han alquilado las casas, Chicago, Pittsburgh, San Francisco, Detroit, Atlanta, Boston, Filadelfia también ha firmado ya, Washington... tienes que actuar, toda América me aclamará.
-¿Vienes conmigo?
-Mis versos, mis pensamientos, mis metáforas.
-¿Qué metáforas, qué versos?

-¿Qué? ¡Los has olvidado!, grita Dannunzio enfadado.
-Sí, sí, sí. ¡Los he olvidado todos! Estoy en mi pueblo, bajo el seto, la pobrecilla paleta. ¿Me escuchas?, se queja, como si él estuviera muy alejado de ella.
-No —responde él seco— no te escucho. Tienes que partir. La gira ya está contratada.
-¡Ven conmigo de gira! ¡Dame tu ropa, lo meteré todo en la maleta! ¡Dame tu abrigo! ¡Venga! La chaqueta, los zapatos, el traje.
-Estoy atrapado. La puerta está cerrada y ya no puedo saltar la tapia. Está sentado en la silla, en silencio, con las piernas cruzadas. Le tiemblan los párpados, mediocerrados, como un dormilón invadido de repente por fuertes ensoñaciones. La puerta está cerrada a cal y canto, las bisagras, oxidadas. Se abren con violencia, chirrían de forma tan penetrante que el ruido me parte la cabeza. Fuera veo a los niños, al acecho, esperando sólo a que salga. Llevan en la mano radios de rueda de bicicleta. Oigo el zumbido de los radios de bicicleta en el aire. Cuando salga me rodearán en círculo y me fustigarán con los radios en la cara. Y también llevan trozos de cristal que han cogido del vertedero. Los estrellan contra el pavimento. Hay basura por todos sitios. Sopla el viento, trayéndome el hedor de fruta podrida y pescado descompuesto.

La divina

¡Te llevaré conmigo, dentro de la maleta, a rastras, te sacaré a hurtadillas!

Dannunzio

Al intentar trepar por el muro, me he hecho un arañazo en la rodilla, porque me resbalé por las piedras hacia abajo. ¡Laude, Laude! El traje nuevo de Trevi se ha roto, le dice a Laude, que ya está junto a la puerta. Me ha salido sangre de la rodilla.

-¡De la rodilla!, repite Laude preocupado, inclinándose hacia delante para examinar la zona.
-Ya se ha hecho costra. Las hebras se han quedado pegadas a la postilla.
-Tengo que romper la tela, dice Laude, palpa la zona y tira de las hebras.
-¡No haga eso! ¡Por Dios santo!
-Tiene que quitarse los pantalones.
-La tela se ha quedado pegada, grita Dannunzio furioso.
-Voy por agua, humedeceremos la herida para que se ablande.
-¡Traiga una esponja de paso!, le grita Dannunzio, mientras se marcha ya a toda prisa.
-¡No quiero salir de gira! —se lamenta La Divina— Allí me muero. En las calles no entra la luz, la gente corre en la oscuridad y se tropieza. Pittsburg... no puedo actuar allí. A través de la tóxica niebla me miran embobados los americanos con sus caras rojas... ¿No soy ya muy mayor? ¡Mírame!
-¿Muy mayor para qué?, pregunta Dannunzio, atareado aún con su rodilla.
-Querido, yo te amo y tú debes amarme a mí también.
-Eres vieja, yo sí lo veo, pero cuando estás ahí arriba, sobre el escenario, cuando actúas, eres joven. ¡Tienes que actuar! ¡Transfórmate! ¡Resplandece, resplandece!
Su rostro se transforma en una llamarada, la llamarada asciende hasta el cielo, por encima del lago.
-Tienes que proclamar mi mensaje, en América, en Asia, ¡por todo el mundo!
-¿Qué mensaje?
-¡Traidora!
-¿Qué mensaje?, repite desesperada.
-¡El drama!
-Se me ha olvidado el texto, se me han olvidado todas

las frases, ¡ya no me sé ni una sola frase, ya no me sé una sola palabra!... De verdad que no, añade honestamente como una colegiala.

-¡Laureles, que en el gran y recto jardín... ¡ahora repítelo conmigo!

-De verdad que no... no me acuerdo... ¡no puedo! Te oigo hablar, pero no entiendo nada, se lamenta la Divina, mientras él repite:

-¡Laureles, que en la gran y recta sombra... y luego sigue diciendo:

> Vosotros, que protegéis al muchacho pensativo,
> habladme de él. La primera tarde
> me hablasteis de él con suaves palabras,
> ¡viejos laureles! Porque a lo mejor él está oyendo.
> Porque a lo mejor está lejos y aquí a la vez...

Mi voz es plana, sin modulación, ¡no hace resonar los versos! ¡Cómo sufro por no poder recitar mis versos!... Cómo os ha amado el joven guardés... *¡Tú* debes recitarlos!

-No puedo, no puedo, se me han olvidado.

-El hermoso jardín ascendía en pausado círculo
como asciende una ensoñación desde el corazón...

Empieza a recitar con él en voz baja, repite obediente palabras sueltas, las repite varias veces con asombro y duda, mientras repite las palabras una y otra vez, trata de encontrarles un sentido, como si nunca las hubiera oído antes. Pero siguen siendo enigmáticos sonidos. El esfuerzo es en vano.

> ¡Oh, laureles! ¡Yo lo soy! Ya no lo oculto más...
> soy el que leía el libro, miraba
> la luz y era feliz en lo más profundo del corazón.
> ¿Se ha acabado todo? El último rayo ilumina
> en el gran estanque el agua putrefacta.
> En lo alto de un muro grita el pavo.

en la hierba descolorida y chamuscada
están muertos los queridos poderes protectores.
¿así han desaparecido todas las divinidades?

Por un momento parece como si, a fuerza de repetir verso a verso, volviera a captar el secreto de los versos. En ese momento vuelve Laude portando un barreño con agua y unos paños. -¿Qué quiere usted? ¿Por qué viene ahora?, grita Dannunzio. La Divina mueve los labios, pero ya no emite ningún sonido, está sentada, pesada y sin vida, como si no pudiera volver a levantarse.

-¡Ha apagado todos los pensamientos que tenía en ella! ¡Mire! Da vueltas alrededor de ella, señala con el dedo a la inerte. ¡No saldrá de gira! ¡No actuará! ¡Pero mire! ¡Usted es su asesino! En este preciso instante estaba a punto de conseguir despertarla, ¡liberar de nuevo a la diosa de su tosco cuerpo de campesina! Quería rescatarla de las sombras de la edad, de la muerte... ¡usted lo ha impedido! A partir de ahora andará de cuclillas por la tierra, con un vestido negro de luto... balbuciendo frases incoherentes, será fea... la gente pasará de largo a su lado y volverá la cara para no verla, y los niños se reirán de la vieja loca, ¡le tirarán tierra a la cara! ¡Nadie le prestará atención, cuando balbucee mi nombre! ¡Nadie creerá que una vez yo amé este cuerpo apático y desprovisto de espíritu!

Luego quedan solos Laude y la Divina.

Es increíble... –balbucea Laude– ¡aterrador! No le crea... ¡no le crea ni una sola palabra!

Está tendida en el suelo, entre las maletas, llorando. Ahora él se arrodilla ante ella, con cuidado recuesta su cabeza sobre una colcha. Le he observado detenidamente, ¡menuda sangre fría! Laude calienta sus pálidas manos con el aliento, masajea sus sienes, la trata con ternura y cariño, como si estuviera gravemente herida. Hasta me ha guiñado un ojo... fíjese lo poco que le ha conmovido su desesperación. Le seca la frente con uno de los paños. Él sólo la ha utilizado en su propio interés. Le desabrocha el cuello cuidadosamente. ¡Se ha aprovechado de su fama! Le pone una almohada bajo la nuca. No para de hablarle: usted ha sacrificado su fama, su carrera por él. ¡Oh, yo sé cómo encandila al público y cómo sabe superarle y metérselo en el bolsillo cuando aún duda, cuando aguarda en la oscuridad sin decir nada! Ha hecho ya tantos papeles y podría representar aún tantos otros, el público la desea, ¡la reclama a voces! Pero él... él quería que usted sólo representara su drama. Él dice que el público se ha burlado de usted. ¿Tan mal he actuado?, susurra la Divina con los ojos cerrados. – La gente no quería su drama. – ¡No querían ver a su diosa en ese papel! – ¡El pobre! –susurra la Divina– mira que me he esforzado, pero no he conseguido nada. – Ha acabado con usted. Usted pagaba los decorados, usted pagaba el vestuario, él insistía en que usted llevara perlas naturales. – Él percibe la diferencia –susurra ella– ¡sufre cuando hay un detalle que no es auténtico! – ¡Vendió usted su casa para ello! –grita Laude– Y el quería que sus labios no pronunciaran más palabras que las suyas. ¡La ha hecho enmudecer para sus amigos, para sus hijos, para sus admiradores! Usted quería hablar con ellos, pero no podía responderles. Se ha ido quedando sola, vaga por ahí sin un hogar: ¡de teatro en teatro! – ¡Sí!, suspira ella. – ¡Despierte! –exclama Laude– ¡viva! Tiene lágrimas en los ojos, pero ella no llora. – Oiga, Laude –dice ella con voz queda– acérquese más a mi boca, inclínese aún más hacia mí. Y cuando acerca él su oreja a la boca de ella, ésta le susurra: ¿Por qué le odia tanto? – Yo no le odio –responde Laude asustado– ¡pero yo quiero que usted viva! La Divina sonríe, se incorpora. – Escuche: ¡Oh, laureles! ¡Yo lo soy! Ya no lo oculto más.../ soy el que leía el libro, miraba/ la luz y era feliz en lo más profundo del corazón./ ¿Se ha acabado todo? El último rayo ilumina/ en el gran estanque el agua putrefacta...¡Qué versos, Laude! En mí resuenan, ¡es mi voz la que los devuelve a los hombres! ¿Por qué se me han olvidado hace un momento?

Nervioso aún, furioso aún con Laude y con la negativa de la Divina a interpretar su drama, camina Dannunzio por el jardín. Cuando de repente ve aparecer al señor mayor elegante abajo, junto a la escalinata, balanceando con entusiasmo su caja de madera, intenta esquivarle. Se mete por un camino aledaño. Pero el señor lo alcanza rápidamente.

-¡Ahora no estoy de humor!, grita el perseguido, sin detenerse.

El señor ha perdido ahora su moderación y su elegancia, revolotea diligente alrededor de Dannunzio, hace una reverencia, se adelanta unos pasos y deja la caja de madera sobre el camino de guijarros para abrirla.

-¡Es sólo un segundo!... olfatear, olisquear sólo... un solo sniff... ¡dos, tres... cuatro segundos! ¡Deje que el aroma penetre en usted!

-Tengo las glándulas de la nariz inflamadas...

-¡Oh, cómo lo siento! ¡El órgano maravilloso! ¡Qué tragedia! ¡Cuando me imagino que el cerebro de un genio se disuelve un día en mucosidad!

-¡He llorado!, dice Dannunzio enfadado.

Y en un sí es no es el señor ha abierto la maleta, con manos temblorosas por las prisas la mantiene abierta, mostrándosela a Dannunzio. Los frasquitos tintinean.

-Usted gana, suspira Dannunzio, torturado.

Siempre acabo cayendo en la tentación. Se sienta sobre el banco de piedra. El señor le quita el taponcito a dos, tres frascos, le da ligeros toques con la fragancia en la frente, en la mano que Dannunzio le brinda con desgana, en las dos manos. ¿Qué siente? ¿Qué sueños emanan

de estos aromas? ¿Qué paraísos se abren a su dulce vuelo? ¿Qué luz se abre paso por entre sus párpados cerrados?
-Espere... calle...
-¡Ya me callo! ¡Le escucho!
-Es el enigmático aroma que emana del escenario, cuando se abre el telón...
-No –grita el señor– ¡es más que eso!
-¡Sí, es más! ¡Lo noto! Es más que todo lo que vive en mi recuerdo... ¡no puedo expresarlo!
-¡Tiene que hacerlo!
-...es algo aún no vivido, no experimentado... y me embriaga como los jardines de paraísos letales.
-¡Nombres! ¡Nombres!, grita el señor soliviantado.
Dannunzio ha reclinado su cabeza hacia atrás, ha cerrado los ojos y de sus labios, que apenas se mueven, salen sonidos que borrosamente se transforman en palabras. Palabras, siempre nuevas palabras, nombres; es sólo un suspiro, un susurro, que en el silencio del mediodía desaparece en el momento de surgir. El señor se arrodilla junto a él en el banco, se inclina hacia él, acerca su rostro a la boca de él, acerca tanto su boca a la de él como si fuera a besarle, a quitarle las palabras de los labios, antes de que se diluyan en el aire, inútilmente, sin ser oídas.

EL ESPEJO VACÍO

Laude
Soy una de las pocas personas que lo ha visto desnudo.

La muchacha joven sonriente
¿Ah, sí?

Laude
Lógicamente, sin contar a las mujeres, sus amantes. *(Mira a la muchacha, que sonríe)* Todo está pactado previamente. Me pregunta: Laude, ¿la bata de seda azul noche, la túnica blanca o la de encaje? ¿Cómo es su piel?

La muchacha joven sonriente
¿Mi piel?

Laude
No, no, quiero decir... se ha dado el caso de que de pronto él ya no recuerda qué color de piel tiene su amante y entonces me lo pregunta, porque yo lo sé siempre. Usted, señorita, tiene una piel blanca como la leche. *Le acaricia la nuca...* cuando la toco puedo notar cómo se excita... ¡y un maravilloso pelo rojizo! Así que el azul noche. Su pelo sobre la seda azul noche... ¿Cómo se llama usted? *(La joven muchacha, sonríe sin responder)*

Laude
Seguro que tiene un nombre espantoso. No importa. Él le habrá puesto uno nuevo, siempre lo hace. ¿Cómo la llamaba?

(La joven muchacha sonríe)

Laude
¿La llamaba: "Mi espejo vacío"?

La muchacha joven sonriente
Sí, es cierto, así me llamaba.

Laude
Siempre está usted sonriendo.

La muchacha joven sonriente
No sé.

Laude
Él la vio sentada sobre el poyete, en la hornacina, sonriendo adormilada. Le fascinó. ¿Sonríe usted por indulgencia? ¿Por bondad? ¿Por indolencia? No sabemos nada de usted. Eso está bien. ¡Él la inventa a usted! Este joven, ¿es su novio?

La muchacha joven sonriente
No, no lo conozco.

Laude
No sabemos siquiera por qué estaba allí sentada, por qué está usted aquí. ¡No, no me lo diga! ¡Él se la inventará de nuevo, se inventará su vida de nuevo! Su indiferencia le inspira.

(Un avión pasa zumbando)

¿Oye ese avión?

La muchacha joven sonriente
¡Ah, sí, ahí, ahí arriba! *Mira hacia arriba.*

Laude
¡Es él! Durante la guerra sobrevoló Viena... en la primera guerra mundial... y lanzaba octavillas con sus poemas.

La muchacha joven sonriente
¿No eran bombas?

Laude
¡No, no, qué va! *(Escuchan con atención hasta que deja de oírse el ruido del avión)* Usted ha estado esperando a que él la sedujera. Él la llevó a la habitación azul y usted se hizo ilusiones.

(La joven muchacha, sonríe sin responder)

Laude
Eso confunde a cualquiera, por supuesto, los manuscritos, las estatuillas, los paños, los frascos... ¿Y luego...?

La muchacha joven sonriente
No sé.

Laude
Temblaba... como ahora.

La muchacha joven sonriente
Había como un revoloteo en el aire.

Laude
¿Qué le dijo él?

La muchacha joven sonriente
Él hablaba, pero yo no entendía nada.

Laude
¡Eran versos! Él recita sus versos maravillosamente, suena como un canto de la antigüedad... ¡Tan melódico! Tiene una voz muy expresiva... "...como el fuego del crepúsculo la tierra hace arder...", ¿le dijo esto?

La muchacha joven sonriente
Sí.

Laude
¿No le llama la atención cómo se parece mi voz a la de él?

(La joven muchacha sonríe)

Laude
¿Y usted no entiende nada?

La muchacha joven sonriente
Claro que sí, ahora sí.

Laude
Usted yacía entre sus brazos como inconsciente. Por fin se había convertido en su amante.

La muchacha joven sonriente
No.

Laude
¿Él no la abrazó?

La muchacha joven sonriente
El gallo revoloteaba, el vaso se cayó al suelo y se hizo añicos, él gritó, estaba nervioso. Yo no sabía qué quería. Saltó por la ventana hacia el jardín.

Laude
¿Que saltó por la ventana?

La muchacha joven sonriente
¡Sí, el gallo!

Laude severo
¡Mezquina! ¡He perdido el tiempo ocupándome de usted! Los dos nos hemos reído mucho de usted, señorita, pero ya basta. Váyase a casa.

(La muchacha joven sonríe)

MILAGRO

¡Muchachos! ¡Aún seguís representando la piadosa obra! ¡Qué hermoso vestuario lleváis, con cuánta imaginación os habéis pintado la cara y las manos para parecer guerreros! ¡Tenéis talento! ¡Con cuánto celo y seriedad actuáis! ¡Pero veo que seguís con la mirada la pelota que rueda hacia la acequia! ¡No tardéis! No dejéis que os distraigan, porque rápidamente creceréis y os saldréis de vuestros trajes. Ya veo salir vuestras muñecas de las mangas y vuestros suaves cuellos del cuello de papel dorado. Si no os dais prisa, no acabaréis vuestra actuación... ¡habréis crecido tan rápido que vuestras muñecas quedarán al descubierto y a merced de las dentelladas del tigre!

ESTANQUE DE LAS DANZAS

La joven condesa[12] está sentada sobre el bordillo de mármol del estanque, con los pies en agua y los elegantes botines puestos. Ve venir a Dannunzio y le grita:
-¡Ha leído el libro!

Dannunzio
¡Qué bien!

La condesa
¡Lo ha leído todo el mundo! ¡Imagínate! Y todos me dicen: ¡esa eres tú, Carlotta! ¡La hermosa pelirroja, esa eres tú! Mi prima me ha echado un sermón: que si estoy perdida, que soy una perdida, perdida, no dejaba de decir: ¡perdida! De pura envidia, claro está... Me tiene envidia. Y Peggy hasta quiso abofetearme.

Dannunzio
¿Quién es Peggy?

La condesa
¡Ya sabes quién es Peggy! A lo mejor no debería recordártelo. En tiempos ella utilizó tu papel de cartas para su correspondencia, para que así todos se pensaran que era tu amante.

Dannunzio
¿Tú también lo pensaste?

---

12. En italiano en el original (N.del T.)

La condesa
¡Pues claro! ¡Y seguro que lo fue! Incluso quise matarla, fíjate qué loca estaba yo.

Dannunzio
(Le ha hecho gracia) ¿Pero cómo?

La condesa
Con compota envenenada. Era un plan muy enrevesado, porque las sospechas no podían recaer sobre la cocinera, además: yo tenía que impedir que la familia comiera también de la compota. Bastante infantil. Yo tenía trece años.

Dannunzio
¡Qué encanto! ¿Pero luego te entraron escrúpulos?

La condesa
No. Mis padres me mandaron de repente al campo. Tuve una especie de ataque de nervios. Tenía que beber leche constantemente y tomar todo lo habido y por haber para tranquilizarme. Y luego, cuando volví, te habías marchado con una cantante al extranjero... Se armó un enorme escándalo, ¡maravilloso!

Dannunzio
¿Qué escándalo? *(Tratando de acordarse)*

La condesa
¡Que me ames!

Dannunzio
¿Tú me amas?

La condesa
Claudio me ha brindado a su abogado... Claudio, mi primo favorito. Tiene un abogado fantástico. Le llamó por teléfono de inmediato.

Dannunzio
¿Un abogado? ¿De qué tienes miedo?

La condesa
Como es natural, habrá un proceso. Rudolf tiene que ir a juicio, tiene que acusarte. Es su obligación como marido. Estaba fuera de sí, furioso de verdad. Nunca le había visto así.

Dannunzio
(Se divierte imitándola) "Furioso", ¡con qué entusiasmo lo dices! ¿estaba "furioso" sólo conmigo o contigo también?

La condesa
¡Con el libro!

Dannunzio
¿No le gustó acaso?

La condesa
¡El libro! ¡El libro! No haces más que hablar del libro, igual que él.

Dannunzio
¿Qué ha dicho al respecto?

La condesa
Lo ha leído con mucho interés. Yo estaba acostada en la

cama junto a él y le observaba atentamente mientras leía. Y al tomar el té me soltaba largos discursos, diciendo que si no era creíble que el marido no se diera cuenta de las escapadas de su mujer. Ya en el concierto él tendría que haber notado lo excitada que estaba ella, y tendría que haberse dado cuenta de las miradas...

Dannunzio
¿Qué le pareció Stella?

La condesa
Dijo que era mejor que yo no leyera el libro, que me asustaría. Que me parecería espantoso y que probablemente ni lo entendería, porque pensamientos como los de Stella me eran completamente ajenos.

Dannunzio
Una mujer que experimenta con su vida, que busca el vicio, incluso el delito, para conocer los límites de su persona.

La condesa
Él no tiene ni idea de lo que me ocurre.

Dannunzio
¿Le pareció que estaba bien dibujada? ¿Y qué le pareció el estilo?

La condesa
Fabuloso. Se fue al club y se puso a hablar de ello con todos sus conocidos. Me lo ha contado Claudio, me llamó por teléfono y nos estuvimos riendo a costa de eso. Todos sabían de sobra quién era Stella: ¡yo! Todos lo sabían, menos él. Está tan alejado del mundo, no hace más que leer.

Dannunzio
¿Y al final quién se lo dijo?

La condesa
¡Yo! ¡Yo se lo dije! Imagínate: ¡no se lo creía! Yo gritaba y lloraba y él estaba ahí sentado, sonriendo bonachón. Hasta que su madre no le hizo hablar, no lo comprendió. ¡Y entonces se puso hecho una furia, por fin!

Dannunzio
¿Contigo o conmigo?

La condesa
¡Con el libro! Quiere que prohíban el libro.

Dannunzio
¡Eso es terrible!

La condesa
Ya ahora yo me he escapado de su lado... ¡pues que se quede ahí plantado con su aburrida virtud! Yo lo he dejado todo, todo... mis joyas, hasta mis dos gatos siameses... ¡lo que se dice todo! Salí de casa sin maletas. ¡Imagínate: es la comidilla de toda Roma! ¡Hoy saldrá en los periódicos de la tarde! ¡Manda a Laude a comprarlos todos al quiosco! El cotilla de Laude, ¿dónde se ha metido? ¿Está por aquí, entre la maleza?... Nos tumbaremos en la cama y te leeré todos los periódicos y nos moriremos de risa.

Dannunzio
¡Hacer que prohíban el libro!

La condesa
No me estás escuchando.

Dannunzio
Te estoy mirando.

La condesa
¿Soy hermosa?

Dannunzio
Eres muy hermosa, tan hermosa como la luz.

La condesa
Seguro que también vendrán fotos en el periódico, de ti y de mí.

> *(La condesa se ha levantado. Se divierte jugando a mantener el equilibrio sobre el bordillo de mármol del estanque)*

-¡Ah, qué bonito! ¡Acabo de darme cuenta de que el estanque tiene forma de violín! Ahora entiendo, ¡es para mí! ¡El concierto! ¡La velada en casa de Albertine, donde me viste por primera vez! ¿Cómo se llamaba el violinista? Era muy famoso, cómo se llamaba, ¡di! *(Sigue jugando a mantener el equilibrio)*
-Y después... aquella misma noche!...
Se ríe.
-¿Por qué me amas?, grita desde la otra parte del estanque. ¿Porque soy hermosa? ¿O sólo porque soy la condesa? ¿Ya no soy condesa? Puedes hacer conmigo lo que quieras. ¡Tú mandas!

> *(De repente se presenta allí el conde[13]. No le han*

---

13 En italiano en el original (N.T.)

oído llegar. Se acerca, como si fuera lo lógico: un hombre alto, oscuro y parsimonioso, sin el menor signo externo de nerviosismo y tan seguro de todos sus movimientos y de todo lo que hace como si hubiera estado ensayando cuidadosamente su aparición y hubiera planeado con precisión hasta el más mínimo detalle. Abre un estuche y le dice a Dannunzio)

-Aquí hay dos pistolas: una es para usted, las dos están cargadas. *(La condesa grita desde el otro lado de la piscina)*
-¿Qué pretendes hacer con esas antiguallas raras? Ya no sirven para disparar. Llevan toda la vida colgadas encima de la chimenea, ¡cien años!
-Elija, dice sereno el conde.

(Dannunzio se reclina con interés sobre el estuche que le está mostrando, saca una de las pistolas, la contempla como un objeto extraño que tiene que grabarse exactamente en la memoria para luego poder describirlo. Entonces se da cuenta de que el conde se ha alejado con la otra pistola y que está ahora al otro lado del estanque, curiosamente metido en el agua serena, y le apunta con la pistola)

-¡Rudolf! –grita la condesa– ¡tienes un aspecto absolutamente ridículo! ¡Si te vieras! ¡Sal del agua y deja esa pistola!

El conde
    (Grita) ¡Comandante!

Dannunzio
    Estoy soñando...

El conde
   ¡Alce la pistola! *(Dannunzio no se mueve)* ¿Quiere un testigo?

Dannunzio
   ¿Dónde está Laude?
   -¡Laude! *(Grita también el conde, y hasta la condesa grita nerviosa:)*
   -¡Laude! ¡Laude!
   (Lento e imparcial, como si le fuera a dictar un texto a Laude, dice Dannunzio)
   -He instalado aquí este estanque para atrapar las aguas saltarinas y alisarlas, para que así, una vez que alcancen apolínea serenidad, reflejen el cielo en este círculo con forma de violín. Usted, conde, ha roto el espejo para batirse en duelo conmigo.

   (Los dos hombres están enfrentados dentro del agua lisa)

El conde
   (Grita) Lo reconozco: la pasión sería un argumento irrefutable, pero no acabo de creerme que sea la pasión lo que le une a la condesa. Sólo la está utilizando para un cínico experimento.

Dannunzio
   (Grita) ¡Mire! ¡Ella sonríe!

El conde
   (Grita) ¡Muchacha, te están insultando!

Dannunzio
   (Grita) ¿A quién le sonríe, a usted o a mí? Es una sonri-

sa enigmática, que no se esclarecerá hasta más tarde. Sonríe al vencedor... ¡ya!

El conde
   (Grita) ¡Te están insultando!

La condesa
   ¡Eres tonto! ¡Tonto de remate!

El conde
   Es una bella criatura, inofensiva. La amo. Es un poco hedonista, un poco chismosa, me divierte.

La condesa
   ¡Deja la pistola!

El conde
   Algunos creen reconocerla en la heroína de su libro, que se salta a la torera todos los límites de la moral sin mesura y apasionadamente, que lo destruye todo y al final también a sí misma. Pero yo no conozco a esa mujer.

La condesa
   ¡Pero qué tonto eres! ¡Soy su amante!

El conde
   Sólo ha visto una vez a mi mujer...

La condesa
   (Se ríe) ¡No sabes nada de mí!

El conde
   ...fue en el transcurso de un concierto en casa de nuestra amiga Albertine.

La condesa
Santini se llamaba el violinista, ¡acabo de acordarme!

El conde
Desde que estamos casados no hay un solo instante en su vida del que no esté enterado... –¿Y lo que vivo en secreto? *(le interrumpe la condesa.)*

El conde
...ni un solo paso.

La condesa
En enero estuve un fin de semana entero sola junto al lago Lido, sin ti.

El conde
Allí te viste con tus primas Dolly y Anna, comisteis en el pabellón, leísteis revistas y os reísteis. Nada más.

La condesa
¡A él es a quien vi! ¡A él!

El conde
...los viajes en automóvil, las clases de piano...

La condesa
...y las presuntas visitas a los enfermos...

El conde
A ella le encantaban esos secretillos inofensivos, yo estaba al corriente.

La condesa
¡Era él con quien estaba! ¡Con él!

El conde
   Me conozco cada uno de sus pasos. He hecho que la siguieran.

La condesa
   ¿Me pusiste un detective privado? ¡Pero qué miserable por tu parte! ¡Qué insultante!

El conde
   Me parecía que mi obligación era protegerla.

La condesa
   ¡Qué miserable! ¡Qué mezquino! ¡Qué avergonzante para ti! ¡Esto me separa ya por siempre de ti! ¡No sabes nada de mí! ¡Él es mi amante! ¡Lee los periódicos! ¡Todo el mundo lo sabe! ¡Yo soy su Stella!

Dannunzio
   Usted sufre. Ya no sabe distinguir la mujer que yo me he inventado y la mujer que usted conoce. Eso le desespera.

El conde
   ¿Usted la ama?

Dannunzio
   Como puede ver, la mujer que ha creado mi arte es más auténtica que la mujer con la que usted ha vivido.

El conde
   ¿Usted la ama?

Dannunzio
   Entiendo su desesperación.

(Se produce un disparo.

El conde flota sobre el agua, muerto. El estanque se tiñe de rojo. Dannunzio trepa por el bordillo de mármol hasta el camino. Mira la pistola que lleva en la mano, saca un pañuelo de seda del bolsillo del pecho y la envuelve cuidadosamente en él.)

-¡Gabri! ¡Gabri!, grita la condesa desde la otra parte del estanque. Él se da la vuelta para marcharse. *(Ella vadea el estanque hasta llegar a él. Le cuesta mucho avanzar, el vestido pesa en el agua, ella sube la tela mojada)*
-¡Gabri!
Sube por el bordillo de mármol.
-¡Mira! ¡Mi vestido: rojo! ¡Las manos, los brazos, todo rojo!

MONÓLOGO

Sé –dice Dannunzio– que el vivo es como el muerto, el que vela como el que duerme, el joven como el viejo, porque la transformación del uno da como resultado el otro; y toda transformación va acompañada de dolor y alegría a partes iguales. Sé que la armonía del universo surgió de contradicciones. Sé que soy y que no soy; y que el mismo camino lleva a las alturas y al abismo. Conozco los aromas de la putrefacción y las innumerables semillas de la corrupción. No obstante, yo sigo, aun sabiéndolo, cumpliendo con mis obras notorias y con las secretas; algunas las veo extinguirse, mientras yo aún perduro; otras, las que en su belleza, parecen querer durar eternamente, ajenas a toda miseria, ya no las veo como mías, aunque hayan surgido de mi más profundo dolor. Veo todas las cosas transformarse ante el fuego, como ante el oro de todos los bienes. Una única cosa es inmutable: mi valor.

LOS PÉTALOS DE ROSA

-¡No, no! – ¡Nunca más! No te dejo pasar.
La condesa aprieta contra la puerta desde dentro. Espera y escucha con atención, después vuelve a abrir la puerta con cautela: fuera el desván está vacío.
-¡Gabri! ¡Gabri!
Nadie responde.
Indecisa, mira alrededor, cierra la puerta con enfado. A través de las contraventanas rotas entra la luz veraniega haciendo rayas de tembloroso polvo, dibujando grecas deslumbrantes en zig-zag sobre el suelo de suciedad encostrada. Palomas muertas, ya medio descompuestas, plumas, una escudilla con cortezas de pan duras como piedras, el muñón de una brocha de afeitar en el lavabo sobre el herrumbroso estante; el revoco se ha desprendido de las paredes agrietadas y está en el suelo hecho migajas.
La condesa dibuja con el dedo los garabatos de la puerta. La silueta de un pene erecto y encima, aprovechando las vetas de la madera un óvalo alargado rodeado de una corona de pinchos profundamente grabados.
-¡Estás ahí! ¡Te estoy oyendo! ¡Respiras! ¡Te oigo respirar! ¡Noto que me estás viendo, que me observas! Que ves mi cara –dice volviéndose rápidamente– ¡mi cuello..., mis hombros..., estás embobado mirándome, observándome y se te cae la baba!... ¡Gabri! Pero ahora, en este rincón... ¡aquí está oscuro, aquí no me ves! Ya no te oigo respirar. ¡Qué lástima que no me veas! Ahora me

estoy quitando la combinación. Ahora me quito la camisa. No me estás viendo, si no te oiría jadear detrás de la pared.

Va corriendo hacia la otra parte, donde hay claridad.

-¿Y aquí, me ves? Ahora ya sólo llevo puestas las medias, mira... la condesa está desnuda, ¡la fina y piadosa condesa! Se ofrece... ¡a tal extremo ha llegado! ¡Se te ofrece, ya ha perdido todo el pudor! Cómo has conseguido, Gabri, que ya no tenga vergüenza, que me guste lo que antes para mí habría sido pecado y muerte... que sólo tenga un pensamiento en la cabeza: mi lujuria... y tu lujuria, ¡Gabri! – ¡Ven de una vez, ven! ¿Quieres que me tumbe sobre este colchón sucio? ¿Vendrás entonces?

A empujones saca el colchón del rincón y lo lleva hasta la luz.

-¡Buff! ¡Qué peste a orín! Y qué de manchas... ¿Qué tío guarro se habrá revolcado encima masturbándose?... Y también se ha emborrachado. Ahí están aún los cascos de las botellas. Aquí me tienes, tumbada como la última puta en medio de la suciedad... ¿Es eso lo que esperas?... Me has erigido altares en cada una de las habitaciones de esta casa, en cada uno de esos altares nos hemos amado... Ahora te erijo *yo* a ti este altar de aquí, en el sucio desván. ¿Es que no te gusta? ¿No te pone cachondo?... ¡Mira, qué sucio, que repugnante!

-¡Ahora veo dónde te metes! ¡Voyeur! ¡Cerdo! ¿Has hecho un agujero en la pared, como los niños en las piscinas! ¡El artista mimado, el famoso esteta!

Se arrodilla delante de la pared en la que ha descubierto el agujero para mirar.

-¡Gabri!

Dannunzio está en la puerta y dice sonriendo:

-¡Princesa de Chipre! ¡Te cubriré de pétalos de rosa!

La abraza, se arrodilla junto a ella.

-El príncipe de Chipre ama a una señorita de vida alegre...

-¿Me amas?

-Es muy joven y hermosa... trece, catorce años.

-¡Sí, eso es muy joven!

-Él ama su hermoso cuerpo...

-¡El muy salido!

-... ama sus pies... ama sus pies con locura. Se pasa los días sentado junto a ella bajo el baldaquín, con sus pies en el regazo, le acaricia los dedos, besa la fina venita de su blanco tobillo. Le pone valiosos zapatos, zapatos de oro, zapatos de seda con encajes, zapatos de brocado, de terciopelo rojo con rubíes engarzados...

-¡Anda, cómprame zapatos!, mendiga la condesa, como si no tuviera zapatos.

-Incluso se casa con ella.

-¡Eso te lo has inventado!

-La historia está bien, deja que siga pensando.

Él yace junto a ella con los ojos cerrados.

-Ella será la princesa de Chipre. Él la cubre de pétalos de rosa. En un palanquín los llevan por todo el país, al príncipe y a la princesa. La anciana reina está sentada tras ellos. ¡Mire, madre, el pueblo está contento, nos saludan! – Sólo los de la izquierda –dice la anciana reina– los de la derecha no saludan, porque a ese lado va sentada esa puta, junto a ti. ¡Échala!

-¡Vaya con la madre! ¡Qué celosa!

-Manus matris protectat me.

-¡Basta ya de la madre!

-¡Puta! –dice Dannunzio mientras se levanta– ¡me enervas!

-¿Vas a pegarme? ¡Pégame!

Golpea a la condesa en la cara. Ella no se defiende. Se ríe y le pregunta:

—¡Sigue contándome! ¡Sigue!

—Un día el príncipe tuvo que partir a otro lugar.

—¿Y la princesa?

—La anciana reina le dice a la princesa: antes de mi hijo tuviste muchos hombres. Te mandaré a los soldados de la guardia real. Cada noche le mandaba a un hombre distinto a la habitación.

—¡Y ella se acuesta con todos!, dice la condesa riéndose.

—Eso es lo que afirma la anciana reina cuando regresa el príncipe. ¡Tienes que echar a esa puta!

—¿Y qué dijo la princesa?

—La princesa le abrazó y le dijo: Te amo.

—¡Y ella se rió!

—¡Deja ya de reírte!

Pero la condesa sigue riéndose. ¡Ven!, ¡ven a mí, Gabri! ¡Baja!

—Él la deja pasar al cuarto de baño azul, el baño de lapislázuli. Allí está ella tumbada en el lecho y él derrama pétalos de rosa sobre ella, cada vez más pétalos de rosa.

Pie de rosa y labios de rosa
y rosas sobre sus pechos...

hasta que desaparece bajo los pétalos de rosa y enmudece la risa.

Dannunzio se inclina hacia delante y besa los pies descalzos de la condesa, ahogada bajo los pétalos de rosa. Llora.

DÍA DE VUELO

Bailotea a lo largo de los palcos donde las señoras elegantes se inclinan hacia delante, para saludarle desde arriba. Él hace una reverencia, lanza besos con la mano hacia las sombrillas y los sombreros que ondeaban, se columpia de un lado a otro, echa la cabeza hacia todos lados con tal rapidez que las correas de su gorra de aviador le revolotean en la cara. ¡Mirad todos acá! ¡Admiradme! ¡Aún estoy entre vosotros, podéis contemplarme de cerca! Casi igualo a los caballeros que habéis traído para enseñarles cómo ha de ser un hombre para que lo améis. ¡Camino, bailo y en seguida volaré! Va saltando por el prado hacia su aeroplano, trepa hasta el asiento. De repente parece inerte, un muñeco rígido, se ha convertido en una parte del avión. ¡El hombre cósmico! Lejos, muy lejos de esta explanada de fiestas, en medio de la guerra, arroja poemas sobre las ciudades en llamas.
El Duce grita:
-¡Pero si llevas la gorra del revés! ¡Así no ves nada!
El hombre del avión se agarra a toda prisa la cabeza y se quita la gorra. Se le ve la cabeza, grande, calva, resplandeciente. El *Duce* se troncha de risa. El avión comienza a apartarse de él, rueda por la explanada, empujado y zarandeado por el desnivel del terreno, luego se desliza ligera y rápidamente, como si de golpe el suelo se hubiera allanado, pero ya no lo está tocando, flota. Después se desprende también del cerco oscuro de la colina y asciende más y más por el cielo, un insecto nervioso sobre un cristal blanco lechoso, zumba y da vueltas, incapaz de liberarse. El cielo es más que nunca enorme, en él el punto ya apenas se mueve y de repente desaparece.

NATURE, MORTE

-¡Laude, escúcheme! ¡Aquí estoy, junto al borde del estanque de las danzas! He estado andando por mi jardín y ahora estoy cansado. Aquí me he sentado.
Derrumbado, un anciano frágil, en el banco de piedra.
-¡Me he puesto la manta de viaje debajo, el banco está húmedo!
Sin ver bien de lejos, se inclina hacia delante y acaricia la piedra con dedos temblorosos.
-Ya veo que ha crecido musgo por encima, ¡debe haber ocurrido de un día para otro! Ayer yo estuve aquí y no había musgo en la piedra. Porque fue ayer, ¿verdad, Laude?, murmura malhumorado, revuelve en el bolsillo de su chaleco hasta dar con un fino cortaplumas de plata y raspa con prisa de anciano la piedra.
-¡Me asusta! ¡El banco entero está verde y también el bordillo del estanque! El agua se filtra por encima del bordillo y se busca una nueva cama. Y el estanque está lleno de piedras —grita exaltado— ¡por algunos sitios ya se ven por encima de la superficie del agua que destella! Bajan de la montaña con el agua, los oigo, como se frotan y chocan unos con otros desmenuzándose, ¡tengo un oído tan fino! Toscanini me dijo una vez: tiene usted el oído de un músico privilegiado. ¡Pero cómo atormenta eso a veces, Laude! Pronto estará el estanque lleno hasta arriba de piedra picada, apenas sí se reconocerá ya la silueta, la silueta del violín... el violín, el agua... ¡La naturaleza devora celosa mis marcas! Tratamos de imprimir a la naturaleza nuestra historia, le grabamos nuestras marcas, pero sin embargo ella prolifera como la mala hierba por encima, como para cerrar una herida

inmunda... pronto nuestras metáforas dejan de ser legibles, desaparecen, se pierden... Yo soy el condottiero[14], grita el tembloroso viejo desesperado. ¿Ha apuntado eso, Laude? ¡El condotiero!

Impaciente, le arranca a Laude, que está sentado junto a él, el cuaderno de las manos, para comprobar sus apuntes, en esas se cae y él lo pisa con el tacón.

-El condotiero..., el condotiero...

Ahora se calma, mira a Laude de perfil, que no se atreve a recoger el cuaderno del suelo, mientras el maestro siga pisándolo con el pie. Su rostro adopta una sonrisa irónica.

-Si le clavo mi cortaplumas, Laude, ¿qué escribirá usted entonces? Entonces no escribirá: me ha dolido, sangro, sino que escribirá: me ha apuñalado. Yo creo, Laude, que usted no siente dolor, ¿no?

Se lo clava. Laude suelta un grito.

-Ah, pues sí grita –se ríe Dannunzio– Me sorprende.

GORRA DE AVIADOR

Se ha escondido tras el pilar de hormigón, al borde del escenario, donde se encuentran amontonada la utilería, partes del decorado, setos artificiales y las grandes macetas con los laureles. Aún resuena en sus oídos el aplauso de los últimos espectadores, golpes duros, furiosos, para espantar a los negros pájaros hacia el cielo vacío. Cauteloso otea el exterior por entre los laureles.

Arriba, en el palco de los espectadores, han colgado al Duce de una vara de hierro, cabeza abajo. La cabeza está cubierta con la negra gorra de aviador que tenía Dannun-

---

14. Véase nota 11.

zio.

-¡La llevas del revés! –grita Dannunzio burlándose– ¡del revés! ¡del revés!

Baila alrededor del cadáver. Se choca con él; el cuerpo rígido oscila de un lado a otro. Se agacha hasta los brazos, que se bambolean, y más abajo aún, hasta las manos, estiradas como intentando en vano llegar hasta el suelo.

-¡Pero qué pinta tienes! ¿Tú quién eres? ¡Nadie te reconoce! Ahí colgado, ¡viejo saco de patatas! ¡Tarugo putrefacto! ¡Andrajoso! ¡Carroña carbonizada! ¡Pellejo de perro! Ansioso, da un par de patadas con sus zapatos de ante blancos y puntiagudos al cadáver, que oscila de un lado a otro.

¿Lo ha visto alguien? El palco está vacío. Pero ya están ahí los pájaros otra vez. Da palmadas estrepitosamente para espantarlos.

Luego se pasa toda la tarde sentado en la silla plegable junto al cadáver. El sol gira. Por la tarde comienza a escribir en su cuaderno de notas. Arranca la hoja, la clava con un alfiler a la mano del muerto. En el papel pone: MANO.

-Voy a escribir en tu mano MANO. Si no escribo MANO, entonces ya no lo es, dice con severidad. Escribe más palabras en papelitos, los arranca de su libreta de notas, los clava con alfileres en la carne del muerto, cada vez más papelitos.

-¡En la cabeza escribiré CABEZA! Clava el alfiler. En el cuello escribiré CUELLO. En el hombro escribiré HOMBRO, en el codo escribiré CODO, en la cadera escribiré CADERA, en el pene escribiré PENE, en los testículos escribiré TESTÍCULOS, en la rodilla escribiré RODILLA.

Sumamente concentrado va escribiendo uno a uno los papelitos, hasta que el cuaderno se queda sin hojas y el cadáver colgante lleva prendidos cada vez más papelitos blancos.

—¡Papelitos parlantes! Movidos silenciosamente por el viento brillan en la oscuridad, blanco plumaje.

ARTE

El cantante gordo mira irritado la silueta que está sentada a la mesa, junto a Dannunzio, con el rostro cubierto por un pañuelo azul. No habla, pero su manecita... ¿no acaba de ver acaso una mano, una garra de niño, salir de debajo del pañuelo con la rapidez de un rayo y coger un bombón de la fuente?

... Non v'è rosa senza spina, n'è piacer senza martir...
¿Qué siente cuando canta esta aria?, pregunta Dannunzio inclinándose hacia delante, depositando la taza de café sobre la mesa. La cara gorda del cantante lo mira asustado, trata de sonreír.
—¡Qué música más divina y hermosa!, exclama Dannunzio con impaciencia.
—Sí, sí, claro, murmura el cantante gordo.
—Esa sensación de belleza sin esfuerzo, perfecta, que da usted con su canto... ¿No le produce a usted un sentimiento de gran felicidad?
—La voz del cantante es independiente de la complexión física. Afortunadamente tengo un cuerpo maravilloso, la musculatura del diafragma ideal.
—El cuerpo es un regalo de la naturaleza, pero todo lo demás es vida ascética, concentración, pasión espiritual.
—La respiración —dice el cantante gordo— ligeramente vibrante, un torrente de aliento ligeramente vibrante...
—¿Qué edad tiene?
—Sólo doy el do de pecho si salgo dos tonos por encima. Uno —aclara el cantante gordo— me resulta muy poca

garantía.

-Sí, sí, sí.

-Sería demasiado arriesgado... ¡compréndalo!

Dannunzio asiente con la cabeza.

-Sí, entiendo.

-Nunca sé si llegaré al tono. Estoy sobre el escenario... en casas de primera... y sé que una tarde, a lo mejor en medio del aria, ya no llegaré al tono... o que llegaré y luego se acabará como si tal cosa... en medio del aria... O llego al tono pero resulta que lleva también otro tono...

-¿Y eso?

-Como una copa de vino que tintinea sobre el piano de cola cuando toca un nocturno. ¿Usted toca algún instrumento, no?

-De vez en cuando.

-Cuando uno pasa de los cuarenta –dice el cantante gordo– hay que contar con esa posibilidad.

-¡Eso es terrible!

El cantante gordo mira embobado: esa pequeña garra, ¿no ha vuelto a coger los bombones?

-Hay que mantenerse joven, dice Dannunzio mientras se pone en pie. Yo uso un elixir especial, extraído del cuerpo de la abeja reina. La abeja reina puede ser ochenta veces mayor que las otras abejas. Ella es la única que produce esa materia... Mi farmacéutico prepara ese elixir para mí.

Le alcanza una pildorita al cantante gordo por encima de la mesa.

-¡Tome, tome! ¡Para que su voz se mantenga joven!

El tenor sujeta la pildorita con sus dedos carnosos y la contempla.

El salón comienza de pronto a sonar, como si ese tono brotara de los muebles lacados en rojo, devuelto por las paredes pintadas de rojo, un tono agudo, de un rojo luminoso, inflamado.

Dannunzio escucha con atención, inclinado hacia delante, extasiado. Así transcurre la tarde en el salón rojo. Cuando oscurece, el cantante gordo se cubre con su bufanda y sale por la puerta, para llevar el tono a Filadelfia.

Dannunzio

¡Te has comido todos los bombones! Dannunzio le quita de golpe el pañuelo a la testigo cubierta: es la Divina, riendo, con la cara toda manchada de chocolate.

-¿Me he manchado la cara de bombones? ¡Me temblaba la mano!

-Toda la cara –ríe Dannunzio– ¡Reina mora! ¡Lo has hecho por arrogancia!

-¿Me ha reconocido?

-¿Quién?

-¡El cantante gordo!

-Parecía intranquilo: no sabía si estabas viva o si eras una estatua.

-¿Lo preferirías?, le pregunta.

-¡Una obra de arte perfecta!

-No quiero volver a actuar, dice ella.

-Y si no actúas, ¿entonces qué harías?

-¡Quiero vivir!

-¡Qué significa eso!, pregunta él impaciente, sin prestar mucha atención.

-¡Contigo!, dice la Divina.

Se siente halagado. Eufóricos se imaginan cómo vivirán juntos, cómo irán en góndola por los canales de Venecia, cómo estarán sentados en la terraza por la noche, cómo caerán en las almohadas de seda, acalorados de la larga cabalgada, se imaginan cosas cotidianas, compras, visitas, escribir cartas, enviar telegramas, montañas de telegramas, si se separan tan sólo un día:

-"La aurora tenía hoy el color de tus párpados".

-"Ya llevo toda una hora solo, se me para el corazón".

-"Tu aliento, Divina, es temeroso pajarillo".

Y cómo recitarán juntos los poemas.

-¡No! —exclama la Divina— ¡ni un solo verso!

Ha pasado la euforia. Cada momento que se imaginan juntos, pertenece a un drama, cada frase es de un poema bucólico.

-¡Qué difícil es ser íntegro!

-¿Qué entiendes tú por íntegro?

-¡Vida! ¡Vida!, grita la actriz con gesto excesivo.

Él la fotografía.

GUANTES

Como alma que lleva el diablo, la mujer disfrazada desciende el camino junto a los invernaderos hasta el estanque. Arrastra una maleta. Dannunzio trata en vano de alcanzarla. Salta el arroyo, para atajar el camino, resbala, se mete por los matojos, cuyas ramas aparta él con su bastoncillo de plata.

-¿Adónde va corriendo? ¡Esa es mi maleta!

La mujer sigue corriendo sin darse la vuelta. De la maleta medio abierta caen unos guantes. Dannunzio los recoge del suelo y sigue corriendo. Y otro guante más. Cada vez más guantes.

-¿Quién es usted?

La mujer de la maleta ha desaparecido de repente. Pero el rastro de los guantes lleva hasta el estanque, más allá del estanque: en la superficie del agua flotan guantes blancos sueltos, como manos muertas.

Dannunzio asciende por las aguas bajas, pesca los guantes con su bastoncito.

NIÑO 2

En lo profundo del jardín está el niño agazapado en su cueva de hojarasca. Su blanca cabeza, cubierta de polvos de talco, completamente esquilada, relumbra. Juguetes por la hierba, un fusil de madera, un pez rojo de celuloide, una revista con fotos pornográficas, un pájaro muerto.
Dannunzio se inclina hacia el niño.
 -¡Me has robado el pez!
El niño no responde.
 -¿Y esa cabeza tan blanca? ¿Es una capa para hacerte invisible? ¿Eres invisible y me estás observando?
El niño se sacude el talco de la cabeza, sale una nube blanca de polvo.
 -¡Polvo antipiojos! ¡Qué repugnante! ¿Qué escondes ahí?
El niño oculta el fusil de madera tras de sí.
 -¡Disparo!
 -¡Entonces también tienes que apuntar! ¿Y a quién disparas?
 -Al enemigo.
 -¿Y quién es tu enemigo?
El niño no responde.
 -¡Yo soy tu enemigo! –grita Dannunzio abriéndose la chaqueta– ¡Dispárame!
 -No, a ti no.
El niño se ríe.
 -¡Dispara, venga, dispara!
 -¡Pero si estás muerto!

-¿Que estoy muerto?, grita Dannunzio sin dar crédito.
El niño asiente con la cabeza.
 -Tienes la cara roja.
 -¡Sólo los vivos tienes la cara roja! Los muertos son blancos. Ándate con ojo: tienes la cabeza completamente blanca, ¡tú estás muerto!
El niño susurra:
 -Tienes la cara pintada de rojo, lo hizo el maquillador de cadáveres. Pintan a los muertos de rojo, que lo sé yo. Y luego los entierran en el jardín.
 -¿Ves alguna tumba por aquí?
 -Ya la han tapado. Las tres mujeres tiran porquería encima, excrementos de pájaros y piedras.
 -¡Eh, parcas! ¿Qué andáis haciendo por ahí? ¿Por qué aleteáis así con las manos?, grita Dannunzio a las mujeres altas y vestidas de negro, que sin inmutarse siguen agachadas sobre la mesa de piedra.
 -No te oyen.
 -¡Parcas!
El niño se ríe de él.
 -¡No se te entiende! ¡Sólo jadeas! ¡Si te estás asfixiando! ¡Tienes la boca llena de tierra!
 -Tengo mucha dificultad para hablar, eso es cierto. Yo mismo lo noto... ¿Por qué me pasa eso?
El niño dice:
 -¡Klink! ¡Y ahora se te están cayendo los dientes!
Dannunzio se toca asustado la boca, se inclina hacia delante, se atraganta. De la boca le caen trozos de tierra a la mano extendida. Con dedos temblorosos palpa los trozos arenosos, descubre dientes, pedazos blancos, rotos. Quiere decir algo, gritar, pero de su boca abierta no brota más que tierra arenosa. Siente un trapo como de cuero entre los dedos, mira asustado: es su lengua.
El niño canta:

Yaces rosado entre almohadones
de la tierra salen esponjas
de la nariz, romero
de la boca, dos pequeños escarabajos
y tu pie, la garra
garra negra, ¡garra de pájaro!
Muerto yace el viejo gallo.

Creo que me he desmayado, murmura Dannunzio. Está tumbado en la hierba, escuchando el griterío de los grillos. No consigo acordarme de nada. ¡Qué extraño! Se pone en pie, aturdido.

-¡Pero a ti te conozco! –grita, reviviéndose de nuevo, cuando ve al niño ante él–¿Cómo te llamas?
-Gabriel.
-¡Yo me llamo Gabriel! ¡Yo!
-No te conozco.
-¡Llevas puesta mi camisa, la camisa de cuando era niño! ¡Y ése es mi pez rojo! ¡Dame mi pez! ¡Me lo has robado! ¡Es mío!
-¡No, es mío! ¡Me lo ha regalado mi madre!
-¡Mi madre me ha regalado el pez!
-¡No! ¡La mía! ¡La mía!
-¡Mi madre es joven y guapa, una mujer joven, guapa, sonriente y morena!

El niño repite berreando:
-"¡Mi madre es joven y guapa, una mujer joven, guapa, sonriente y morena!"

Dannunzio golpea al niño. Grita:
-¡Déjame en paz! ¡Yo soy el niño guapo!
-¡*Yo* era el niño guapo! ¿es que no me conoces?
-Tú eres un viejo, no te conozco.
-¿Es que no sabes qué ha sido de ti?

Dannunzio se pasea orgulloso delante del niño, arriba y abajo.

— Mira: ¡un acróbata!, ¡un aviador!, ¡un héroe!, ¡un jardinero!, ¡un santo! ¡Mira!

El niño está blanco de rabia, llora, menea la cabeza.

-¡Eso es lo que querías, niño Gabriel! ¡Son tus sueños!

El niño grita:

-¡No te conozco, viejo calvorota! ¡Eres viejo y feo!

VUELTA A CASA

Sobre la columna de hormigón del mausoleo se encuentra sentada la gigantesca anciana madre. La puerta que hay detrás de ella se ha abierto de golpe, dando paso a un aluvión de paja podrida, latas oxidadas, trozos de cristal, sillas rotas.

Dannunzio con un traje blanco de verano.

-¡No llores más! ¡El hijo amado

vuelve a casa! Está cansado de la mentira.

Se quita los guantes, le muestra las manos.

Me he lavado y cepillado las manos. Las cuido todos los días, están lisas, en absoluto porosas. Sólo esta callosidad..., es de tanto escribir, siempre con la pluma entre el dedo índice y corazón, ¡el callo del escritor! ¡Te he escrito muchas cartas, madre! *(Se saca cartas de todos los bolsillos)* Les he puesto sello y las he mandado, pero me las han devuelto todas. Fui a quejarme a la oficina de Correos. No ha servido de nada. Las he conservado todas, las llevo siempre encima. Te las leeré. *(Desdobla una carta y la pone a la luz. Va a leer)* ¡Vaya! En esta se ha borrado la tinta, ya no se puede descifrar nada. *(Abre otra carta)* ¡Ésta, tomaré ésta! ¡El papel también está en blanco! *(Cada vez con más prisas va abriendo cartas y trata en vano de leerlas)* ¡Qué tinta más mala! ¡Se ha borrado todo! *(Tira una carta tras otra)* ¡Es un timo! ¡El vendedor aguó la tinta, así que ha desaparecido lo que escribí! ¡Me ha estafado!... ¡Nada!... ¡Nada! ¡Nada más que hojas en blanco!... Y el ramo de flores que te prometí, tampoco he podido traértelo. Quería coger unas flores de camino a tu casa, pero alguien que iba por delante de mí les había arrancado las corolas. Le grité, traté de alcanzarle, pero era más rápido que yo... ¡Qué espanto, aquí plantado, con las manos vacías! *(Como un niño con remordimientos de conciencia se esconde las manos y da unos pasos atrás. Fuera, en plena luz está el gallo. Ladea la cabeza, fisga hacia dentro con mirada fría)*

UNIVERSO

Dannunzio, en el aeroplano, hace un looping, vuela cabeza abajo.
Escribo mi nombre
en las negras pizarras del cielo,
¡giro, me volteo! El cielo
muy por debajo de mí, sobre mí la Tierra
con los vibrantes soles
de ciudades en llamas. Torrentes sangrientos
bajando por el cielo hacia la noche, ¡guerra
arriba y abajo! ¡Vuelo! ¡Floto!
¡Ávido de intercambio entre cielo
y Tierra! ¿Quién, si me estrello,
me recogerá: el cielo
calcinado allá abajo o la Tierra vacía
allá arriba, si me estrello entre los astros
y ardo, un diminuto segundo terrestre,
si me sumerjo en la nada
y ellos gritan: ¡un meteoro!

deseando algo grande para su limitada
existencia? ¿Me abraso en la nada
por esos de ahí o me estrello arriba contra la Tierra
por el palco vacío del cielo, que me honra con su
silencio, a mí, al héroe?
¡Llévame, aeroplano!
¡Vuelo entre dos muertes
cantando!

SEÑALES DE VIDA

El joven

(De pie junto a los matorrales) Se está escondiendo de mí, ¡pero le estoy viendo! Esta metido entre la maleza. Yo pensaba que a lo mejor vendría a lomos de un caballo o que tal vez haría un *looping* por encima de mi cabeza cuando le saludara. Pero en vez de eso, usted parece asustarse, ¿de mí acaso? *Con exigencia.* ¡Salga ya de una vez!

(Aparece Laude)

Laude
Este es un jardín prohibido.

El joven
¡Me lo imaginaba mayor! ¡Más respetable! ¡Más envejecido!

Laude
No lo soy.

El joven
(Estalla en carcajadas) ¡Tengo que quedarme con eso! ¡Lo

ha dicho fabulosamente! Aquí estoy,... *(se inclina mucho hacia abajo)* ...pero: ¡no lo soy!

Laude
 ¡De verdad, no lo soy!

El joven
 ¡Pero yo le he reconocido! ¡Le tengo en la cabeza! ¡He estado viendo fotos!

Laude
 (Cede) ¿Ah, sí?

El joven
 Entre la algarabía de los cien mil, en el palco, junto al dictador... ¡klick! Como héroe de guerra junto al biplano... gorra de piloto... ¡klick! A lomos de un corcel... ¡klick! Como Sardanapalo, en actitud sensual con sus mujeres sobre cojines de seda... ¡klick! En el hipódromo, bromeando con las princesas bajo sus sombrillas... ¡klick! El rey haciéndole entrega de una medalla... ¡klick!

Laude
 ¿Qué pretende?

El joven
 ¿Es que desconfía de mí? Sólo he hecho klick, ni siquiera llevo una cámara en la mano, ¡sólo hago "klick"!... mire: ¡klick!... ¡klick!, ¡klick! Ah, ahora me he acercado mucho a usted, ¡se ha asustado! Ya se pensaba que tenía un cuchillo... ¡klick! Mire, no llevo nada en las manos, ¡klick!

Laude
 ¡Por favor, ahora márchese!

El joven
He oído que usted no quiere morir, ¿es eso cierto? Eso me interesa, es una cuestión muy importante para mí. Teme que le maten, lleva toda su vida temiendo que venga un terrorista y le mate. Tal vez venga tan inocente con un cesto de flores o con una bolsa de plástico, o a lo mejor lleva una cámara y hace ¡klick! ¡Nadie se le puede acercar, nadie! Por eso hizo que levantaran ese muro tan alto, ¿no es cierto?

(Laude se aleja lentamente caminando hacia atrás, quiere desaparecer por entre la maleza)

El joven
(Lo agarra, lo mantiene sujeto) ¡Dígamelo, por favor! ¡Tiene que decirme por qué quiere vivir y vivir y seguir viviendo! ¡Por qué adora la vida!

Laude
¡Déjelo, usted se equivoca! Suélteme... ¡no lo sé!

El joven
(Muy nervioso) ¡Dígamelo!

Laude
¡Yo no soy el maestro! ¡Me parezco a él, pero no lo soy!

(El joven envuelve a Laude en un abrazo salvaje y agresivo)

Laude
(Tratando en vano de soltarse) Llevo años viviendo con él. Soy su biógrafo, su hombre de confianza, su doble. Por entonces él me contrató únicamente porque me daba un

cierto aire a él. Me parezco a él y soy veinte años más joven, ¿entiende?, eso para él es ideal. A veces me manda que vaya a la puerta... una actuación sin palabras para el público... y la gente dice: Mirad, qué joven parece todavía. Su forma de andar, su porte, tan elástico, ¡tan sorprendentemente fresco! ¡Era yo! ¡Soy siempre yo! Hasta mi voz se parece a la suya, eso dice él... sin embargo a mí me parece que tiene una voz chillona... y me molesta un poco que él tenga esa opinión. Ciertas prendas se hacían siempre por duplicado, porque naturalmente en esas actuaciones yo no llevo su propia ropa, sino tan sólo copias... ¿No lo ve...? Por mucho que me parezca a él, a mí me falta toda su aura. Por eso algunos visitantes y admiradores suyos no me aprecian. Casi les resulto desagradable. A ellos mi persona les supone algo así como desenmascarar al maestro.

En su histérico nerviosismo el joven ha ido comprendiendo poco a poco: ha malgastado su pasión y su energía en el hombre equivocado, se ha puesto en ridículo. Ahora está en cuclillas sobre el suelo, exhausto y apático. Desde lo profundo del jardín llama una voz: ¡Laude! ¿Con quién está hablando? Cuando aparece Dannunzio por entre los árboles, Laude, que se siente descubierto y está asustado, estira hacia delante ambos brazos, señalando al joven. ¡Es peligroso! ¡Es un asesino!
Dannunzio se espera una gran escena dramática, pero el joven ni tan siquiera echa una ojeada al anciano cuando aparece ahí de pie y le entra el tembleque de los nervios y la expectación. Dannunzio echa a Laude con un movimiento de mano: ¡Entonces váyase, Laude, ya me quedo yo!
¿Por qué no se da cuenta el joven que estoy ante él? ¡Ha venido aquí por mí! Atraído e intrigado por la idea de una heroica confrontación mira al joven, que se encuentra aga-

chado en el suelo, triste y conmocionado. Así pasa un interminable instante de silencio. De pronto empiezan a cantar los grillos.

Dannunzio
   (Impaciente) ¿Dónde lleva la pistola?

El joven
   (Contesta sin mirarle, obediente, como un colegial) No llevo.

Dannunzio
   ¡Ajá! ¿Y entonces con qué quiere perpetrar el delito, joven y bella muerte? ¿Va a coger una piedra del suelo y golpearme con ella la cabeza? ¿O acaso lleva una navaja en la mano? ¿La lleva escondida en la manga de la chaqueta?

El joven
   No.

Dannunzio
   ¿Y qué es eso que lleva encima? ¡Enséñeme eso que tiene ahí! *(El joven le deja mirar en el interior de la bolsa de plástico).* Nada más que un manojo de llaves y un sándwich. *(Silencio)* Le estaba esperando.

El joven
   (Sorprendido) ¿A mí?

Dannunzio
   Sabía que vendría uno antes que todos los demás y que me miraría con mirada temerosa, con el miedo del cazador ante su presa. El zumbido de las flechas en el calor del mediodía. ¿Lo oyes?

El joven
El ruido de los grillos.

Dannunzio
¡El zumbido de las flechas! Torrentes de plata descienden por los árboles. Viejos olivos. El jardín se trasforma, se prepara para honrar a la víctima. Ya vi las parcas. Las vi esta mañana desde mi ventana. Vi tres mujeres altas, de negro agachadas sobre la mesa de piedra. ¡Mire... ahí!

(Las tres mujeres gigantescas vestidas de negro están a la sombra de los olivos)

El joven
Yo no veo nada.

Dannunzio
(De repente se acerca mucho al joven y le susurra algo al oído)
¡Lléveme con usted! *(El joven lo mira sorprendido)* ¡Lléveme con usted! ¡Estoy aquí encerrado! ¡Me tienen preso, han construido un muro alto a mi alrededor!

El joven
¡Yo creo que es *usted* quien ha construido el muro! No deja pasar a nadie a su jardín.

Dannunzio
¡Al contrario, al contrario! Eso sólo se dice para mantener alejada a la gente, para espantarla, para aislarme de la vida, del mundo. ¡Tengo nostalgia de gente, de gente joven!... ¿Me consideraba un anciano?

El joven
Sí.

Dannunzio

¡Ahí lo tiene! ¡Eso es lo que se rumorea por ahí! ¡Pero no es cierto, ya lo está viendo! ¡Eso lo ve cualquiera, es fácilmente refutable! ¡Salto del caballo con las dos piernas, elástico! ¡Esta mañana mismo vino a verme una mujer joven y hermosa a la que supe cómo satisfacer. Me quitan la ropa para que no pueda mostrarme en público. Laude se pone mis cosas y se presenta ante la gente. ¡Me roba mis cosas! Sale para que la gente crea que soy libre de salir del jardín cuando me plazca. Como superficialmente tiene un cierto parecido conmigo... Pero cuando *yo* intento dar un paso más allá de la cancela, entonces hay cáscaras de plátano. ¡Toda la plaza está llena de cáscaras de plátano! ¡Me resbalo! Quedo tendido en el suelo, indefenso, de espaldas y en mis oídos retumba el griterío de los niños mofándose... ¿Por qué ha venido? ¿Me lo ha dicho ya? ¿Qué quiere de mí? *(El joven no responde)* Tiene un aspecto tan lamentable, ahora me doy cuenta, ¡casi abandonado! Y descalzo... ¿está huyendo? ¿Busca un escondite? ¿Ha escogido mi jardín a tal efecto? ¿Se ha escapado acaso de algún centro, de algún arresto? ¡Es que tiene toda la pinta! ¡Tan pálido y con esos ojos tan abúlicos! Sin fuego y sin esperanza... ¿es por eso por lo que tuvieron que alejarle del resto de la gente? ¡Por peligrosa falta de esperanza!

El joven

¿Qué ponía en los papeles?

Dannunzio

¿Qué papeles?

El joven

¿Qué había escrito en los papeles? ¡En plena guerra

usted se montó en su biplano, sobrevolando las ciudades en llamas y tirando esos papeles!

Dannunzio
 ¡Sí, las octavillas! ¡Sobre Viena!

El joven
 ¿Octavillas? ¿No eran más que octavillas políticas?

Dannunzio
 ¡Manifiestos! ¡Proclamas!

El joven
 ¿Eslóganes políticos?

Dannunzio
 Sí.

El joven
 ¡Gritos de guerra!

Dannunzio
 ¡Sí, en la guerra!

El joven
 ¡Vaya, yo pensaba que serían un mensaje para la gente, para los que sufren en medio de las llamas!

Dannunzio
 ¡Exactamente! ¡Mensajes! ¡Todas mis proclamas eran mensajes, mensajes poéticos!

El joven
 (Mostrando su negativa) No entiende a lo que me refiero.

Dannunzio
Escribí todos los papeles a mano, cada uno de ellos, cada uno de los mensajes. ¡Lo escribo todo a mano!

El joven
¡Así que no sabe nada! ¡No ha vuelto a estar ahí fuera! *Grita*. La tierra entera es polvo y cenizas.

Dannunzio
Escribí en los papeles...

El joven
¡La tierra es polvo y cenizas!

Dannunzio
Deje que le diga... escribí...

El joven
Las suelas de mis zapatos están carbonizadas, ya no tengo zapatos. Me he chamuscado los pies. Tenía que saltar, tenía que dar grandes saltos, ¡pero con todo me quemé los pies en las ascuas candentes!

Dannunzio
Qué camino ha tomado entonces...

El joven
Ya no hay caminos, ya no hay casas, ya no hay ciudades, ya no hay árboles, ya no hay aviones por el aire, ya no hay barcos en el océano, ya no hay océanos, ni ríos, ni mares... ¡Piedra y cenizas! ¡Ya no hay animales, ya no hay flores, ya no hay ni un solo pájaro, ya no hay voces, ni gritos, ni quejas, ya no hay una sola persona ahí fuera, ya no hay día ni noche, todo lo que alcanzan a ver mis ojos es el blanco lechoso!... ¿Y ahora va y me dice que le saque de aquí?

Dannunzio
¿Por qué habría de querer irme con usted? ¿De dónde se saca usted eso?

El joven
¿Quiere que lo lleve a la espalda? ¿Quiere que yo ande saltando con los pies descalzos sobre las ascuas mientras usted va sentado a mi espalda como un mono, gritándome mentiras al oído?

Dannunzio
¡Sí! Le grito al oído, ¡escuche!
Mi jardín florece, ¡está lleno de mi vida! ¡todas las cosas pronuncian mi nombre! He golpeado las piedras y he escuchado un sonido. Me he despertado en la noche y he oído ese sonido, era la piedra que estuvo sonando toda la noche. Agrupé las treinta y seis columnas clásicas en la colina, les hice hablar, hablaban con las delgadas ramas de las acacias, que crecían entre ellas y por encima de ellas... hablan del paso del tiempo y de la grandeza del viejo imperio, entonaban los versos de Virgilio y al mismo tiempo era mi lengua. Mire las águilas: cómo levantan sus pesadas alas de la piedra, ¡vuelan, vuelan! He erigido altares por aquello que amo para decirle a la humanidad: ¡adoradlo como yo, veneradlo! ¡Adorad al Dios de la juventud, del valor, que navega por el mar veloz en su barco de carreras! ¡Aquí, sobre el altar, se encuentra el timón roto! ¡No lloréis su muerte, adoradlo, es el vencedor!... En una tumba nací, en una cuna moriré. ¡Soy el comienzo, soy el vencedor! ¡Vuelo junto a vosotras, granadas, ángeles míos! Vuestras detonaciones son mis gritos de triunfo! Hablad, torrentes de agua, pesadas máquinas hablad con las voces que yo os he dado, puentes de acero, cantad con mi voz, motores de automóvil, hablad todos, hablad todos, ¡hablad todos

con la voz inmortal de mi corazón!... ¿está usted cansado, joven, no puede cargar conmigo? ¡Soy ligero, un bailarín! También usted ha de bailar, conmigo! Sufro, me alegro de sufrir, soy el leproso, contemplo mis heridas, amo mis heridas, ¡el dolor y la alegría salen de mí en una sola voz! Soy el mártir, soy Sebastián! Espero las flechas de los arqueros, espero anhelante el zumbido de las flechas en el calor del mediodía.

Así es como un mono chillando va agazapado a la espalda del pobre joven y el pobre joven tiene que llevarlo por todo el páramo. El joven se encoge sobre el suelo: para no oír la voz se ha puesto una bolsa de plástico en la cabeza.

-¿Qué anda haciendo ahí? ¿Por qué no me escucha?
Dannunzio le empuja, el joven ni se mueve. Le da un pisotón con el tacón, dos, tres veces, cada vez más fuerte, al final con rabia, ya no puede parar de andar dando saltos a su alrededor, pisándole: el baile de un pájaro grotesco.

LEGADO

El timón roto; trescientas camisas de seda, cuarenta y cinco de ellas prestadas para una exposición de prendas de vestir; una ametralladora austríaca; una proa de barco con superestructuras, el casco completado con arquitectura de jardines; la mirada desde la ventana hacia la isla del lago, en cuya silueta puede verse el perfil de Dante; setenta frasquitos de perfume; un avión, multicolor, un biplano; cuarenta esculturas, entre ellas copias de los esclavos de Miguel Ángel; hallazgos de la Antigüedad, cabezas de caballo, de tamaño natural; el busto cubierto siempre por un pañuelo de la actriz Eleonora Duse; mono de bronce, que tiene prisionera en una red a una pareja de enamorados, fundidos en estrecho abrazo; el timón de cola caído de un avión de combate alemán de la guerra del 14; San Sebastián, en madera pintada; manuscritos diversos, salterios medievales; sesenta lapiceros de diversa longitud; un ancla; una granada de artillería, con una corona de laurel; una cuna; el ojo de Dios bajo una campana de cristal; un uniforme, muy raído; un ataúd, utilizado de cama; una venda de cuero para los ojos; once mil trescientos ochenta libros; varias estatuas de Buda; una colección de treinta esponjas de baño; un pez de celuloide abollado; un montón de octavillas en lengua alemana, muy amarilleadas.

SAN SEBASTIÁN

Lleva puesto un amplio sombrero de paja. Es el jardinero que por la mañana temprano recorre el jardín y con extremo cuidado revisa su estado. Los caminos están recién rastrillados. En la fina arena que hay delante del invernadero descubre las huellas de las garras del gallo, se agacha y las borra con rapidez. Las cañerías de la piscina están agrietadas, por entre las piedras sale agua por todos los lados. La hierba está crecida. Hay granadas de artillería rojas de óxido por la hierba. ¿Quién las ha tirado de las columnas de la noche a la mañana? Trata de enderezarlas, pero pesan demasiado. Agachadas sobre la mesa de piedra bajo los olivos están las tres mujeres altas de negro, mirándolo con adormecida indiferencia.

-¡Siempre estáis durmiendo!, les grita desde lejos.
Junto al muro, bajo una piedra que coloca bien con el pie, un nido de blancos gusanos en la humedad. Zumbido de abejas en las adelfas. Hay que volver a pintar la proa del

barco. La pared de la casa está plagada de buganvilla, la ventana de arriba está abierta.

A esta hora de la mañana vienen los arqueros. Primero sólo se ve a uno, un hombre apuesto, semidesnudo en medio de la hierba crecida bajo el olivo. No se mueve.

-¡Ven para acá, joven arquero!

¿No lleva ahí uno parado todo el tiempo, a la sombra del arco de la cancela? Hay otros tres que llevan a un prisionero por la sinuosa senda hacia arriba. Desaparecen tras los matorrales, pero luego vuelven a aparecer allí, junto a la piscina.

-¡Venid acá, apuestos jóvenes! ¡Aquí, aquí estoy! ¡Os conozco, os conozco a cada uno de vosotros por el nombre! ¡Gaius!, ¡Marius!, ¡Cornelius! ¡Lleváis los grandes nombres romanos!

Ahora son seis, siete. Salen de las sombras del jardín.

-¡Lucius!, ¡Menenius!

La cohorte se mueve entre los árboles hacia arriba, pasando muy cerca de él.

-¿Es que no me veis?

Desnudan al mártir, le quitan el casco, la coraza, los quijotes, las sandalias. Rasgan la camisa para abrirla. El cuerpo al desnudo está desprotegido. Lo atan con cuerdas al tronco de un laurel, con las muñecas cruzadas por encima de la cabeza y atadas a una rama. Él sonríe.

-¡Soy yo! ¡Es a mí a quien os referís! ¡Yo soy el mártir! ¡Soy yo! –grita Dannunzio– No tengo miedo, me veo sonreír.

-¡El gallo de Fiume! –vociferan las Parcas riéndose– ¡El gallo de Fiume! ¡El gallo de Fiume! ¡Cómo chilla y grita, cómo cacarea y cómo se pavonea! ¡No te oye nadie! ¡No te conoce nadie! ¡Plumas y gritos! No ha merecido la pena, que le rompieras el cuerpo a tu madre.

Dannunzio se tapa los oídos, escucha con atención el silen-

cio zumbante dentro de su cabeza.
 Mi sangre empieza
a correr, igual que la sombra que crece.
Los laureles, muy juntos,
como las lanzas junto a la Cruz.
Desde el fondo de mi alma, desde el fondo de mi alma,
reclamo vuestro amor, ¡arqueros!
Hay que apuntar desde muy cerca, si se quiere acertar.
A quién de vosotros elegiré para
que afile para mí la flecha más aguda
y la despida con tal fuerza
... apriete los dientes y tense el arco
con fuerza hasta las sienes,
que levante la corteza del árbol
y me atraviese con el mango.
Quien así me encuentre, me demuestra,
que su amor es eterno.
Desde el fondo de mi alma, desde el fondo de mi alma,
reclamo vuestro amor, ¡elegidos!
Cada flecha se torna bendición,
vida, salvación eterna.
¡No lloréis! ¡Apuntad bien! ¡Y arriba el ánimo!
Como en el combate, embriagados de sangre,
¡embriagaos! ¡Apuntad hacia mi cuerpo,
desde cerca! ¡Es la diana!
¡Bendita sea la primera flecha!
-Uno de los arqueros, paralizado y dominado por mi sonrisa, tensa la cuerda y dispara. La flecha se clava en mi carne. Una especie de locura repentina parece apoderarse del arquero.
¡Más! ¡Imploro amor! ¡Vuestro amor! Dan gritos rotos, roncos, como quien en sueños es sacudido por una ciega lucha contra aterradoras pesadillas. ¡Más! ¡Más! Algunos dejan caer sus arcos al suelo y se arrodillan.

¡Más! Algunos se echan hacia atrás del susto, en una especie de convulsión. ¡Más! Otros vacían en la hierba sus aljabas y sujetan con el pie izquierdo el puñado de flechas. Se agachan, para coger una tras otra, y disparan, desesperados, como si no tuvieran un cuerpo herido ante los ojos, sino como si tuvieran que contraatacar a una horda de jinetes, antes de que se acerquen y los aplasten bajo los cascos de los caballos. ¡Más! Disparan desesperados, fuera de sí, de amor y miedo. ¡Oh, amor eterno! ...El jardín está vacío y en calma. La luz del mediodía hace reflejos plateados por entre las hojas. Son los estertores de la muerte en la garganta perforada, el último suspiro, la última sonrisa, el más alto grito de ayuda. La bella cabeza cae sobre los hombros lisos. El plumaje de una flecha tiembla aún en la axila. El espléndido cuerpo cae al suelo, Los brazos, sujetos por las cuerdas, se estiran.

LAS COLUMNAS, LOS ÁRBOLES

Arriba, junto a las columnas, junto a los árboles se encuentra el hijito Emilio, con su violín, toca las cuerdas con el arco. Ahora se oye por encima de los oscuros jardines un tono de lamento, dulce, largo, interminable, que en el aire de la noche queda colgando, un tono cuyo comienzo se encuentra interminablemente lejos, el primer tono al inicio de la Creación, y que parece no acabar, mientras no acabe el tiempo mismo.

  -¡Escuche! ...¡Escuche! –grita el soliviantado padre hacia el jardín– ¡es tan hermoso! Ahora el tono es tan alto, que no se oye nada... ¡pero aún sigue allí! ¡Sólo que no se le oye!... Los tonos... el aire... ¡Escuche! Hay que oírlo desde lejos, ¡cuando uno se acerca demasiado, no hay quien lo soporte!

El joven ha soltado el arco hace mucho ya, pero aún se puede seguir oyendo, puro y hermoso, libre del instrumento y del esfuerzo de crearlo.

-Siempre tengo que ir corriendo a ver: ¡es Emilio! –grita el padre todo soliviantado– ¡Es Emilio! ¡Emilio! Usted tal vez no crea que es Emilio. Yo tampoco lo creo, ¡pero sí lo es! ¡Ahí está tocando! ¡Cómo puede salir de ese joven! ¡El milagro! ...¡Escuche!

En lo profundo del jardín está sentado Dannunzio con las piernas cruzadas. Los rasgos de la cara, de piedra porosa gris, están erosionados por la lluvia y los ríos de lágrimas. Por el cráneo, por las orejas sobresale el musgo.

BAILE DE MUERTOS

Cuando Laude mira en la entrada del mausoleo abandonado aún está la vieja sentada en su silla.

-¿No prefiere marcharse? Hoy no está en el jardín.

-¡Pues yo sí lo he visto, le he mirado a los ojos, al hermoso joven!

-¡Váyase, por favor! ¡No espere más!

-Yo soy... bueno, ¿quién soy yo? Ella menea su mano sucia delante de su cara, de forma que él se aparta.

-¿Quién es usted?

-¡No lo sabe! ¡No lo sabe!

Ella se ríe y se ríe.

-¡No se ría tan alto!

-¡Y él quería rescatarme!, chilla ella.

Laude
¿La habré visto alguna vez? ¿Le he ayudado? ¿Le he dado dinero?

La anciana
¡Dame doce millones de liras!

Laude
¡Váyase, abandone este lugar!

La anciana
¡Laude, mi tesorito! ¡Querías salvarme del monstruo! ¡Tú sabes quién es el monstruo! Lo has visto por el agujero de la cerradura, él te echó, pero tú miraste por el hueco de la cerradura, ¡pajero miserable! No quieres darte cuenta, cabrón.

Laude
Permítame...

La anciana
Te permito, ¡cabrón!

Laude
¿Qué quiere?

La anciana
Controlabas cada sábana y olías sus calcetines sudados, ¡cabrón! ¡Recopilabas las uñas de los pies y las envolvías en papel de plata! Y le mediste el rabo... tu apuesto joven, tu héroe apuesto, tu poeta... ¡cabrón! Y tú no eres nada, ¡cabrón! ¡Un cabrón es lo que eres tú, cabrón! Ven acá, te voy a enseñar yo una cosa que escribiste y anotaste, nunca te han dejado verlo, pero tú lo escribiste.

Porque él hablaba de esto. Bueno, ¿qué contó él acerca de un lunar de una cierta dama? ¿Alargado, no? ¿Cómo una flecha... eh?

-"La flecha del amor", susurra Laude, recordando poco a poco, "es la flecha de la muerte".

La anciana

¡Lo ves! ¡Lo ves! ¡Y todo lo que contó del hermoso cuerpo! ¡Todo para la posteridad! ¿Eh? Ven acá, cabrón.

Laude se acerca dubitativo.

-Bueno, ¿quieres verle? ¡Entonces no pudiste! ¡Ven! ¡Tienes que acercarte más!

Laude, que no se resiste a comprobar si de debajo de los harapos saldrá a relucir el famoso lunar de la condesa, se inclina hacia delante interesado, muy a su pesar, mientras ella se desabrocha la chaqueta de hombre y empieza a subirse los jerseys mugrientos que lleva puestos uno encima del otro.

-¡Agacha más la cabeza!

Al rozar su cara casi con la piel gris manchada bajo los bultos de la ropa, le pone el jersey por encima de la cabeza, presionándole con ambos brazos contra su voluminoso cuerpo, sacudido por la risa. Él se revuelve y se defiende.

-Usted es la condesa..., la condesa..., balbucea él.

-¡Tira ya tus papelitos, cabrón! ¡Límpiate el culo con ellos, cabrón! Yo te anotaré algo; te diré algo: ¡él se montó a caballo, se bajó de un salto y pisó una mierda de perro!

Laude recoge los papelitos que la anciana le ha quitado de la mano de un golpe.

De un escondrijo sale la voz de Dannunzio:

-¿Con quién está hablando, Laude?

La anciana
   ¡Estaba escuchando a escondidas!

Dannunzio
   ¿Quién más hay ahí? ¡Laude!... ¡Laude! ¡Le estoy oyendo hablar con alguien! ¿De quién era esa otra voz?... ¿Queda alguien esperando?

La anciana
   Sí, ésta lleva esperando mucho, mucho tiempo...

Dannunzio
   ¡Nada de visitas! ¡No puedo recibir a nadie! Tengo que escribir aún unas cuantas páginas, estoy en una buena fase... Estoy sentado casi en la oscuridad, no veo con nitidez los trazos, pero escribo... ¡penetra en mí!

   Como en el combate, embriagados de sangre,
   ¡embriagaos! ¡Apuntad hacia mi cuerpo,
   desde cerca! ¡Es la diana!
   ¡Bendita sea la primera flecha!

La vieja se coloca de un salto junto a Laude y le golpea la mano una y otra vez con la muleta cada vez que se agacha a recoger un papel del suelo.

Dannunzio
   ¡Laude! ¿Qué ruido es ese?

Escondido tras la cortina, Dannunzio otea el camino escalonado pedregoso que discurre junto al muro de la casa. Y entonces la ve venir: apoyándose en las muletas de madera tropieza y arrastra su torpe cuerpo por los escalones arriba. Se detiene, mira hacia arriba, hacia donde está él.

-¡Gabri!

Él no soporta su mirada. Quiere descorrer las cortinas rápidamente, pero al hacerlo se le vienen encima, lucha con el amasijo de tela y cuerdas en que se ha enredado. Ella sigue mirando hacia arriba. ¿Le habrá reconocido? Él corre sin aliento por el jardín, escucha el ruido de las muletas: cree oír su crujido sobre el camino de guijarros, separa los matorrales para ver: y entonces ella se dirige hacia él. Él la oye atracar sobre los plachones del barco, bajar por las escaleras de hierro a las bodegas del barco, donde se queda escondida. El hierro atruena.

Él huye; corre hacia los invernaderos.

-¡Gabri!, grita la anciana. Es la voz de la joven condesa, recuerda él ahora.

Él se acerca con sigilo, se acerca al claro. La voz se oye por todo el jardín, pero en el claro no se ve a nadie. ¿Te acuerdas? Los cipreses se doblan azotados por el viento.

-¡Gabri! ¡Gabri! ¡Cómprame zapatos! Es la voz de la anciana borracha.

Dannunzio se asusta, resbala, se precipita por el escarpado abismo hasta el arroyo, se queda tumbado abajo, hecho un ovillo entre los helechos. La oye reír. Ella parece alejarse. Entonces él se incorpora. Se ha puesto perdido el traje claro de agua y de tierra. Corre a lo largo del agua con sus borboteantes gorgoritos, trata de correr tan rápido como el agua reluciente, que salta de entre las piedras. Una rama le quita el zapato. Una granada de artillería de gran tamaño está atravesada entre los guijarros en el fondo del riachuelo y obstaculiza el fluir del agua. Dannunzio se agacha, trata de empujar la granada en la misma dirección que el agua, pero es demasiado pesada. El niño le ha gastado una broma pesada, ¡tiene que haber sido cosa del niño! Jadeando, sin resuello, en mortal ahogo.

De nuevo la voz de la condesa, la voz joven que él conoce:

-¡Gabri! ¡Gabri!
Ahora ella está en medio de la superficie lisa del estanque. Ha tirado las muletas de madera, él la ve trajinar sobre la superficie del agua. La anciana está ahí de pie, sujeta y segura sobre la única pierna que tiene. Con las manos se agarra el bolso grande que lleva cruzado por el pecho con la correa de cuero y saca del interior un puñado de pétalos de rosa secos que lanza por el aire.

Dannunzio se acerca sigiloso entre los matojos, se agacha por detrás del banco, se queda mirando la horrible y monstruosa figura del estanque, que saca del inagotable bolsillo puñados de pétalos de rosa y los lanza por el aire, y el gesto de pavor de su cara va poco a poco transformándose en una sonrisa, la sonrisa de la muerte.

ÍNDICE

La cabeza de Harry 7

Toller 143

El jardín prohibido
Fragmentos sobre D'Annunzio 305

COLECCIÓN SKENE

1. LA PIEL PRESTADA
   Xabi Puerta

2. ORGÍA
   Pier Paolo Pasolini

3. TENGAMOS EL SEXO EN PAZ
   Franca, Jacopo y Dario Fo

4. HÖLDERLIN
   Peter Weiss

5. GERMANIA: MUERTE EN BERLÍN
   Heiner Müller

6. TEATRO COMPLETO
   Fernando Pessoa

7. MUERTE ACCIDENTAL DE UN ANARQUISTA
   Dario Fo

8. PETER WEISS: una estética de la resistencia
   Coord: César de Vicente

9. FABULACIÓN
   Pier Paolo Pasolini

10. LA DESOBEDIENCIA
    Luiz Francisco Rebello

11. EL PERRO DEL TENIENTE
    Josep María Benet i Jornet

12. LA TRIBU
    Alberto Miranda Bonilla

13. MANUAL MÍNIMO DEL ACTOR
    Dario Fo

14. PERROS DE LA LLUVIA
    Xabi Puerta

15. ROSAS ROJAS PARA MÍ y LA SOMBRA DE UN HOMBRE ARMADO (dos obras)
    Sean O'Casey

16. HELDENPLATZ
    Thomas Bernhard

17. EL NUEVO PROCESO
    Peter Weiss

18. WOYZECK y LA MUERTE DE DANTON (dos obras)
    Georg Büchner

19. UNA EXTRAÑA AVENTURA
    Eva Forest

20. CUERPO DEL DELITO EN LA SALA DE LOS ESPEJOS
    José Cardoso Pires

21. BRECHT
    Hans Mayer

22. AUTO DE LOS ANFITRIONES, Luis de Camoens
    ANFITRIÓN O JÚPITER Y ALMENA, António José da Silva

23. CUANDO LA VIDA ETERNA SE ACABE
    José Luís Calonge

24. LAS PRESIDENTAS
    Werner Schwab

25. GAMBITO DE DAMA
    David Barbero

26. VELADAS INDECENTES
    Manuel Lourenzo

27. EL COOPERADOR
    Friedricht Dürrenmatt

28. EL PRÍNCIPE DE SPANDAU y otras piezas
    Helder Costa

29. RITTER, DENE, VOSS / MINETTI / ANTE LA JUBILACIÓN (tres dramas)
    Thomas Bernhard

30. EL SOLDADO SVEJK
    Monika Zgustová

31. ESPERANDO NADA
    Alfredo García Gregorio

32. EL TEATRO POLÍTICO Y OTROS MATERIALES
    Erwin Piscator

33. EMMA
    Howard Zinn